Funabashi, Harutoshi

舩橋晴俊

社会学理論の重層的探究

組織の存立構造論と両義性論

東信堂

目次／組織の存立構造論と両義性論――社会学理論の重層的探究

装幀　桂川　潤

組織の存立構造論と両義性論――社会学理論の重層的探究

序章　本書の課題と構成

本書のもっとも核心をなす主張は、現代社会におけるさまざまな社会問題や政策的課題に対して、「経営システムと支配システムの両義性」という社会学が固有に提供する理論的視点が、事実の把握と問題解決の方法の探究の両面において、必要かつ有効であることである。

この主張の意味するところをより詳しく説明することを中心に、本書の各章の課題を位置づけてみよう。

第一節　両義性論（第二章）の主題

本書の第一の問題関心は、現代のさまざまな社会問題を包括的に捉えうるような社会学理論の枠組みをいかにして構築するかという関心である。この主題に対して正面から取り組んでいるのは、第二章である。第二章の提示する「経営システムと支配システムの両義性」という視点は、現代社会に存在する（すべてとは言わないまでも）広汎な社会問題群や政策的課題群の解明に対して、有効な理論的視点を提出しようとする試みである。経営と支配という言葉は、社会科学の世界では、よく知られた言葉である。だが、この二つの言葉の含意を、社会システム論的な文脈で相互に関係づけて掘り下げて展開した試みは、まことに少ない。例外的に、アラン・トゥレーヌの「社会階級の二重の弁証法」という視点は、「経営システムと支配システムの両義性」に触れているが、個々の社会問題の個別的特徴を解明するようなレベルでは、概念群を展開しているわけではない（Touraine 1973:146 ～ 154)。

「経営システムと支配システムの両義性」という理論的視点の必要性の直観的、経験的根拠は、社会の中の各人にとって、社会問題の経験のされかた、あるいは、個人主体にとっての現実（パーソナル・リアリティ）には、「経営問題」と言うべきものと、それとは異質の「被格差問題、被排除問題、被支配問題」と呼ぶべきものとが、繰り返し立ち現れてくるということである。各人の主体的な取り組みに即して言うならば、このような二系列の異質な問題定義に基づいた上での問題解決への取り組みが、繰り返し広汎に見られる。一般に、企業経営者や政府は「経営問題」への取り組みに優先的関心を寄せるのに対し、さまざまな社会運動は「被格差問題、被排除問題、被支配問題」の解決に対して、敏感な態度を示す。このような態度の分岐が汎通的に見られるということは、経営問題が位置する社会的文脈と、被格差・被排除・被支配問題が位置する社会的文脈が異質であり、しかも、そのような二つの文脈が普遍的に存在することを示唆するものである。そのように普遍的に存在する文脈のうち、本書では、経営問題の位置する文脈を経営システムとして、被格差・被排除・被支配問題の位置する文脈を支配システムとして把握する。

このように、「経営システム」と「支配システム」という二つの鍵概念に対応する問題定義が存在することは、多くの人々が直観的な形では、知っていることである。「経営システムと支配システムの両義性論」とは、一面において、この直観的な把握を、論理的に関連した一連の概念群として表現しようとする努力の所産である。だが、経営システムと支配システムとがどのような論理的な関係にあるのか、あるいは、なぜ、現実へのアプローチに対して、経営システムと支配システムとを別々に論ずるのではなく、「経営システムと支配システムの両義性」として把握すべきなのかについては、より理論的な根拠づけが必要である。すなわち、「経営システムと支配システムの両義性」という鍵概念の提示については、他面において、社会学理論のより根本的な水準での基礎づけがなされなければならない。

第二節　存立構造論（第一章）の主題

この課題に対して答えるためには、第一章の主題設定が必要となる。第一章の存立構造論を支える問題関心は、人間の自由を出発点にしながら、社会学的研究の堅固な基盤となるような概念群と理論を探究することである。この第二の問題関心は、本来的には自由な諸個人の実践の総体の中から、どのような論理的メカニズムを通して、当の諸個人を超越するような対象的《オブジェクティヴ》＝客観的な組織構造や制度構造や社会構造が立ち現れ、逆に諸個人がそれに包摂され拘束されるようになるのか、ということの探究である。

この問題関心は、「主体と構造の両義性」に対して注目するものであり、理論史的には、物象化論と総称される知的潮流に属している。存立構造論とは、物象化論の中でも、物象化の論理的メカニズムを内在的に解明する論理を提出することに挑戦しているものであり、その解明の努力の中から「経営システムと支配システムの両義性」という視点が内在的に提出されるのである。

物象化論はさまざまな形で論じられてきた。例えば古典的には、マルクスとエンゲルスの『ドイツ・イデオロギー』（マルクス、エンゲルス 2002）やルカーチの『歴史と階級意識』（ルカーチ 1987）が、現代社会学においては、バーガーとルックマンの『日常世界の構成』（バーガー、ルックマン 1997）が、物象化論を主題としている。日本の社会学の中でも、例えば、田中義久（田中 1976）は物象化への関心を通奏低音としている。

しかし、物象化についての総括的な言及は数多いけれども、物象化の論理的メカニズムを、論理内在的に解明するという課題に踏み込んでいるものは、きわめて少ない。そのような難題に挑戦し、しかも解明を推し進めた労作としては、マルクスの『資本論』（マルクス 1969-1970）とサルトルの『弁証法的理性批判』（サルトル 1962/1965/1973）があり、とりわけ、『資本論』は、実質的な解明という点で大きな成果を上げている。

だが、これら両著作は、さまざまな主題を同時に探究しており、論理展開も複雑多岐にわたり、そこから物象化の論理を読みとり抽出することは容易ではない。物象化論の核心を、明快な形で抽出し、経験科学的研究にとっても、役立つように整理するという作業が必要である。

そのような課題に挑戦し、物象化の論理的メカニズムをもっとも明晰に、また説得的に解明し説明することに成功したのは、一九七三年に発表された真木悠介の記念碑的論文「現代社会の存立構造」（真木 1973）である。

本書では、真木悠介の用語法に示唆を得て、「存立構造論」という言葉を、「物象化論の諸潮流の中でも、物象化の論理的メカニズムを内在的に解明した理論」として使用することにする。そして、本書第一章は、物象化の論理的メカニズムを内在的に解明するという課題に取り組むものであり、真木悠介がマルクスから示唆を受けつつ整理した理論的視点、すなわち「関係性の特定形態（R）」が「物神化された対象性（O）」と「疎外された主体（S）」という二つの帰結を生み出すという考え方を採用している。これを図式と言うことができる。

この第一章のような問題設定が、なぜ必要であったのかということは、いくつかの歴史的、理論的背景から議論されなければならない。真木悠介の「現代社会の存立構造」が一九七三年に登場した背景は何であったのか。

真木悠介の存立構造論はマルクスの物象化論を基盤にして、その論理構成の本質的な部分を社会学的に抽出し、経済領域、組織領域、意識領域において、同型的な物象化の論理を発見し、解明しようとしたという性格を有する。二〇世紀を通して、マルクスの知的・思想的影響は全世界的に巨大なものであった。しかし、マルクスの知的・思想的営為の受容と継承は、その内容において、さまざまな断片化、一面化を伴うものであった。そしてその過程で、しばしばその本質的な内容が見失われてきた。マルクスが、本来何を追求しようとしていたのかを、改めて解明しようとする努力が精力的になされるようになったのは、一九五〇年代末から一九六〇年代にかけてである。それは、ソ連型社会主義諸国への幻滅が拡がっていた時代と重なっている。

マルクス主義に立脚すると称するソ連型社会主義諸国の現実の欠陥や悲惨が知れ渡るようになると、マルクス主義的な見方の影響力は衰退していく。そして、ソ連型社会主義諸国がさまざまな欠点を露呈した原因が、さまざまな角度から分析されるようになった。経済学の文脈では計画経済のパーフォーマンスがいかなるものなのか（コルナイ 1984）、それは、市場型経済に比べてどういう点で劣るのかということの分析が、実証的にも理論的にもなされるようになった。歴史学においては、独裁的なスターリン政治体制の成立が、実証的に解明されるようになった（渓内謙 1970/1971）。哲学においても、全体主義を支える信念体系としての「歴史法則主義」への批判がなされた（ポパー 1961）。より後の時期になるが、社会学的な視点によるソ連型の全体主義体制に対する批判的解明も公刊されるようになった（モラン 1986）。

そのような中で、マルクスの有する批判的視点への共鳴を維持しつつ、なぜ社会主義の理想を掲げたソ連型社会主義諸国が、独裁体制のもとで数々の悲惨を生み出すに至ってしまったのかを解明しようとする努力もなされるようになった。そのような努力は、資本主義批判とソ連型社会主義批判という課題を同時に果たすことを目指すものであった。

西欧においてそのような課題を探究した代表例は、サルトルの『弁証法的理性批判』である。真木悠介の「現代社会の存立構造」は、日本においてなされた、それに照応するような努力であり、しかも、サルトルがなしえなかったような形で、マルクスの物象化論の本質的論理を抽出することに成功している。その背景には、廣松渉（1969,1972）、望月清司（1973）、平田清明（1969）らの膨大なマルクス研究の蓄積が、その結実を支える土壌として作用していたと言えよう。

以上の説明においては、叙述の便宜上、「経営システムと支配システムの両義性」論の説明から出発して、存立構造論の課題の説明へと進んだ。しかし、社会学理論としての相互関係からすれば、論理的に先行するのは、原理論としての存立構造論であり、その基盤の上に、基礎理論としての両義性論が続くのである。本書の各章の配列が、存立構造論を第一章とし、両義性論を第二章とするのは、そのような論理的必然性に基づくものである。

存立構造論は、両義性論を結果として基礎づけているのであるが、理論形成の歩みから言えば、両義性論の基礎づけのために、存立構造論が構築されたのではない。存立構造論はその探究の必要性について、独自の問題意識を有するのであり、また、そのような問題意識を生み出した社会的、時代的背景を有するのである。

第三節　存立構造論と両義性論の組み合わせ

本書の理論的立場は、このような原理論としての存立構造論に加えて、そこに根拠を置きつつ展開される基礎理論としての「協働連関の両義性」論を構築し、両者をセットとして組み合わせることによって、社会学理論の堅固な基盤を確保しようとすることにある。

このような理論的立場の選択の意義は、社会科学のパラダイムの変遷という文脈で捉えるならば、次のように表現することもできる。すなわち、「存立構造論と両義性論のセット」は、一九六〇年代までに大きな影響力を発揮していた「資本主義―社会主義パラダイム」を出発点に置かず、より根元的な水準から社会把握を可能にする基礎概念群を形成することにより、「資本主義―社会主義」という社会把握の意味を再構成することをめざすような努力として性格づけられる。

では、「存立構造論と両義性論のセット」を採用することは、社会学理論として、どのような積極的な意義を有するのであろうか。

両者を組み合わせることの意義は、端的には次の二点にまとめられる。

第一に、原理論としての存立構造論の有する価値は、両義性論が存在してこそ、開花するように思われる。なぜなら原理論をいきなり具体的問題に適用しようとしても、現実に密着した解明には達することができず、非常に抽象的な「言及」にとどまるだけだからである。

第二に、両義性論は、存立構造論が存在するからこそ、単なる思いつきや恣意的な視点の設定ではなく、社会の根元的な性質に立脚し、照応した理論枠組みという性格を保持できる。存立構造論があるからこそ、「構造と主体」並びに「経営システムと支配システム」という二重の意味の両義性に一貫して固執し、かつ、それらの相互関係を把握することができるのである。

存立構造論と両義性論を組み合わせることは、このようなメリットを有するのであるが、さらに、この組み合わせが有する積極的な意義は、それが、社会学において重要な、以下のような一連の問いに対する一定の回答を提示しうるという点にも存する。

A　社会学理論の堅固な基礎づけをどこに求めたらよいのか。

B　社会の根元的な構成原理をどのように把握したらよいのか。

C　さまざまな社会学理論の相互関係をどのように理解したらよいのか。

D　社会学が政策科学の分野で独自の貢献ができるようになるためには、基礎理論のレベルでどういう理論枠組みを提供すればよいのか。

D―1　現実のさまざまな具体的な社会問題に対して、一貫した視点での解明を可能にし、同時に、解決の方向性を示すことのできる汎用性を備えた理論枠組みをどのように設定したらよいのか。

D―2　社会問題の解決過程について、意味の発見と規則性の発見を、同時に可能にするような視点の組織化は、どのようにして可能か。

D—3　社会学理論に立脚することによって、社会問題解決の規範的原則を、どのような形で提出できるだろうか。

本書は、「存立構造論と両義性論のセット」が、これらの問いに対して、一定の説得力のある回答を提出しうるという立場に立つものである。以上のうち、Dの課題、すなわち社会問題の解決過程についての探究という課題は、両義性論をよりどころとしつつ、より具体的な水準での考察が必要である。その課題に取り組んだのが第三章である。

第四節　「社会構想と社会制御」（第三章）の主題

存立構造論と両義性論のセットを前提にした場合に、現実の社会問題の解明や政策的課題の解決に対して、社会学の視点からどのような論議が可能になるだろうか。「社会構想と社会制御」を主題とする第三章は、このような社会計画論の領域での問題関心に立脚している。ここで「社会構想」とは、望ましい社会についての理念的水準での考察であり、「社会制御」とは具体的問題解決過程の水準に対応している。

「望ましい社会」の提案という社会構想は、どのような原理的問題に取り組まなければならないのか。社会問題が解決されたと言えるためには、どのような条件が満たされる必要があるのか。個人の主体性と社会構想や社会制御とはどのように結びついているのか。

第三章は、これらの問いに対して、「存立構造論と両義性論のセット」を出発点におくことによって、どのような理論概念群を構築したり、どのような答えを提出できるかを探究している。中でも大切なのは、「望ましい社会」の基本条件として、①経営システムにおける問題解決と支配システムにおける問題解決の同時実現という要請と、②両者が逆連動した場合に、支配システムによる問題解決を優先するべきことという二つの規範的命題の提出である。この点が確保されることにより、さまざまな政策的課題についての、より具体的な水準での制度形成や解決方法の探究にあたって、明確な方向づけを与えることが可能になる。

また、「構造と主体」の両義性に注目する存立構造論と両義性論の見方を、主体性論に即して展開することにより、個人の実践と社会構想や社会制御がどのように結びついているのかという主題についても、独自の論点の提出が可能になる。その際、森有正の提出した〈経験〉という概念は、主体性についての掘り下げた洞察と論点の豊富化を可能にしてくれる。そこに含意される自己批判という論点は、社会制御過程における絶えざる批判作用の重要性を浮上させるのである。そして、この視点は、「権威主義的社会構想」の難点を明確にするものでもある。

このように第三章は、社会構想と社会制御についての基本的な問題群を検討するものである。つまり、第三章は、「社会制御過程の社会学」という特定の領域での基礎理論の形成を模索している章とも言える。

第五節　メタ理論的考察（第四章と第五章）の主題

以上に説明した第一章から第三章は、現実そのものを把握するための理論形成と理論的視点の組織化を主題としているが、第四章、第五章は、社会学理論についての方法論的考察である。これらの章は、理論についての理論的考察であるから、「メタ理論」の領域での探究と言ってもよい。

第四章は、存立構造論と両義性論と中範囲の理論との相互関係を、「社会学理論の三水準」という視点で検討したものである。筆者のみるところ、存立構造論は原理論であり、両義性論は基礎理論であり、両者ともに、マートンの言う意味での「中範囲の理論」とは、異なった水準に位置している。これら三つの水準の理論の相互関係を明確にしておくことは、社会学理論の全体像や長期的発展戦略を考える上では、きわめて意味深いと思われる。

筆者は多くの論者とともに、マートンの提出した「中範囲の理論」（マートン 1969）の立場を高く評価している。その理由は、第一に、具体的現実に接触することを通して、それを根拠に理論形成を進めようという方針が生産的であると、考えるからである。さらに第二に、マートンの「中範囲の理論」は、「中範囲の理論の漸次的統合による一般性の高い理論への段階的接近」というかたちで社会学理論の長期的発展戦略を提唱するものであるからである。

しかし、「中範囲の理論」は非常に魅力的な提唱であるけれども、いくつかの難点も有する。とくに、さまざまな中範囲の理論をどのように漸次的に統合していくのかという点で、統合の推進の方法が示されていないことは大きな難点である。

この難点に対して、存立構造論と両義性論の組み合わせという理論的立場は、なんらかの打開策を提唱することができるであろうか。第四章はこの問いを中心に、異なる三水準に位置する社会学諸理論の関係を問うものである。

第五章は、第四章でえられた「社会学理論の三水準」という視点をよりどころとしながら、「理論形成はいかにして可能か」を考察するための論点を整理したものである。

そのために、理論とは何か、理論の果たす役割は何か、社会学の諸理論はどのように分類することができるのか、など、メタ理論の基礎的問題について考察を加えた上で、「理論形成はいかにして可能か」についての筆者の立場を示したものである。

社会学の研究が、学問的にも社会的にも有意義なものであるためには、社会学が適切な理論を有することが一般的な必要条件であると筆者は考える。さらに、日本の社会学のこれまでの発展の歴史を回顧した上で今後の発展の道を構想するならば、輸入された理論のみに頼るのではなく、いかにして自生的な理論を形成しうるのかという課題設定が非常に大切である。このような課題に対して、存立構造論と両義性論の組み合わせを前提にすると、どのような回答がなされるだろうか。

この課題に対して、第五章は、存立構造論のような原理論、両義性論のような基礎理論、中範囲の理論という三水準の理論を分節した第四章の視点に加えて、「メタ理論」と「規範理論」という異なるタイプの理論が存在することを指摘する。「メタ理論」とは、理論についての理論的考察を担うことを課題としており、方法論についての研究と称されるものの多くはそこに属する。「規範理論」とは規範的命題の設定や根拠づけを中心的主題にするものである。規範理論については、経済学や法学や哲学において相当の論議の蓄積があるが、社会学においても社会問題や政策的課題を扱う際には、規範理論の領域での探究が必要であると思われる。

このように、社会学理論を五つの類型に分類するという視点に立つと、社会学理論の形成を可能にする道は、これら五類型によって異なるのではないか、それぞれの理論類型に応じた適切な方法があるのではないか、という問いが提起される。この問いは大きな問いであり、第五章はこの問いに全面的に答えるものではないが、「中範囲の理論」と特定領域の「基礎理論」に即してこの問いに答えることを試みている。その際、鍵になるのは、「実証を通しての理論形成」という「T字型の研究戦略」である。「T字型の研究戦略」とは、対象を狭く限定し深く掘り下げた実証的研究をまず推進し、そこから得られる理論的洞察を一般的射程のある理論概念群へと形成し洗練していく方法である。この研究戦略は相対的に具体性に近い水準の「中範囲の理論」や「特定領域の基礎理論」で、創造性を発揮しうる。存立構造論と両義性論のセットに、さらに、「T字型の研究戦略」に立脚したさまざまな「中範囲の理論」を接合していくことが、社会学理論の発展にとって、必要かつ有効な一つの戦略であるというのが、本書の方法論上の主張である。

以下の五つの章は以上に述べたような課題をそれぞれに探究するものであるが、全体として一つのパラダイムを提出することを試みるものである。科学におけるパラダイムという言葉は、トーマス・クーンの労作（クーン 1971）以来、各方面で多用されるようになった。社会学においても、「大きなパラダイムの消失」とか「ミニパラダイムの競合」とかの言葉は、さまざまに語られるようになった。その結果、パラダイムとか、パラダイム転換という言葉が、やや安易に使用されているという感がある。社会学において、パラダイムの提出とか、パラダイム転換というような主張が、パラダイムという言葉の重みを維持しながら語られるためには、本来的には、社会学原理論の領域での明確な主張がなされる必要がある。パラダイムという言葉をもう少し柔軟に使用する場合でも、少なくとも基礎理論の水準での新しい理論に即して語られるべきであろう。「中範囲の理論」の水準での新しい論点や概念の提出をもって、ただちに、「パラダイムの転換」という言葉を使用するのは、やや安易な使用というべきであろう。

このような反省に立った場合でも、存立構造論と両義性論をセットにして提示することは、一つのパラダイムの提出と言いうるのではないかと考えている。

第一章　組織の存立構造論

第一節　組織の存立構造論の課題と方法

組織の中の人間の疎外の問題は、現在ますます多様な局面において切実化している。例えば、企業組織内での細分化された労働、企業と労働組合への二重アパシー、政党組織内でのスターリニズム、官僚制組織内での自我同一性の危機、疎外克服のための経営参加や自主管理への模索等々。これらの組織内疎外の解明に関して、例えば、自我過程のダイナミックスに注目する精神医学的アプローチや、生産手段の技術的特徴に注目する労働＝技術論的アプローチが、それぞれの射程を持つことは論をまたない。

本章の課題は、組織の中の疎外に対して社会学的にアプローチし、それを解明するための社会学の原理論的枠組を、存立構造論の方法によって、構築することである。

1　法則構造論的アプローチと主体中心的アプローチの問題点

まず、存立構造論とは何であるのか、存立構造論の課題と方法が通常の社会学的アプローチに対して、いかなる批判意識を持ちいかなる関係にあるのかを、定位しておこう。

社会学理論において伝統的に二つの主流を形成してきたアプローチは、①法則構造論的アプローチ、②主体中心的アプローチ、として概括されうる。両アプローチの基本的発想と視座の対照的差異を、簡単にまとめれば、次のようになろう。

①「法則構造論的アプローチ」は、㋐社会の持つ「社会的事実」(fait social) という性質に注目し、社会的事実の属性としての法則性や構造性を把握しようとすることによって、定義される。「社会的事実」とは、デュルケムが捉えたように、それに関与する各個人に対しては所与であり、その個人の力では左右できないような外在性・拘束性・定型性を持ちつつ、逆に当の個人の行為はすべてそれに拘束されるというような社会的諸事象である(例、さまざまな制度、経済法則)。㋑方法論的には、要素主義的アプローチではなく、要素に還元されない創発《エマージェント》的特性に注目する全体論的・システム論的アプローチが、中心にすえられる(例、構造―機能分析における「体系《システム》」概念の重視や「機能要件」の発想)。㋒その裏面として、社会の構成要素たる諸主体の個別的・具体的な主体性や内面世界は、中心的主題からは排除される。諸主体は、自然現象の中で自然法則に従って運動する意思なき「分子」と等価的に扱われ、諸主体の行為は、社会的事実としての法則性や構造性に従属しつつ一義的に進行するものとして措定される。

②これに対し、「主体中心的アプローチ」は、㋐社会が、それぞれ自由な意思と主体性を持つさまざまな主体（代表的には個人、さらに集団、組織等）とその行為の集合から形成されている、という側面に注目することによって定義される。㋑方法論的には、全体論的アプローチではなく、社会の要素としての個々の主体に注目する要素主義的アプローチが、中心にすえられる。㋒そして主体を外面的に認識するにとどまらず、主体の内面世界に内在する何らかの視角が定立される（例、M・ヴェーバーの「意味理解」、A・シュッツの現象学的方法）。それゆえこのアプローチは、人間学的関心や批判理論的関心と強い親和性を示しうる。

では、以上の二つのアプローチはそれぞれどのような射程の限界を持たざるを得ないだろうか。

①′法則構造論的アプローチは、要素に還元されえない社会的事実の独自の創発的な論理や法則性を解明しうる。しかしそれは、社会内の主体の内面的経験を閑却するというその特質からして、理論定立の前提としての価値関心が、現実に生きる人々のパーソナルリアリティから乖離して行くという危険性に、さらされている（法則構造論的アプローチの代表的潮流たる構造―機能主義が、A・W・グールドナーによって、現実感覚の喪失を批判されるのは、その一例）。

②′他方主体中心的アプローチは、人間学的関心と共鳴しやすいがゆえに、さまざまな主体が社会の中で被る運命に対して敏感でありうるし、理論言語と現実に生きる人々のパーソナルリアリティとのつながりを確保しやすいものの、その射程は要素主義としての限界を持たざるをえない。すなわちそれは、要素的諸主体間の関係性から生じ、しかも個々の要素的主体には還元できないような社会現

象の創発的特性を、充全には解明しえない。

③以上の反省から導かれるのは、個々の現象の社会学的解明に際しては二つのアプローチを補完的に駆使すべし、という一般的指針であろう。けれども、この二つのアプローチの間には方法論的な対立と乖離が存在しており、両者の補完的な駆使を追究しようとすると、次のような認識論的な難問に直面せざるをえない。

一つの社会現象をその法則性・構造性に注目して把握する方法と、諸個人の主体的行為に注目して把握する方法とは、そもそもどのようにして両立し接続しうる関係にあるのだろうか。仮に、社会が諸個人の主体的《サブジェクティヴ》＝主観的行為の集合であることを認めたとすれば、法則性や構造性の存在はアプリオリには保証されないから、法則構造論的アプローチの妥当性の根拠が問われねばならない。逆に仮に、社会が対象的《オブジェクティヴ》＝客観的な社会的事実であることを認めたとすれば、そのモメントとして無制限に自由な主体を定立することはできないから、主体中心的アプローチの定立しうる主体はいかなる存在性格の主体であるかについて、基礎づけが必要とされる。つまりこの二つのアプローチは、自らとは異質な他方とかかわりあうことによって、共に、「パラダイム」（T・クーン）あるいは「領域仮説《ドメインアサンプション》」（A・W・グールドナー）の水準において、それぞれの方法論的妥当性の根拠づけを要求されるのである。

この認識論的な難問は、実は社会それ自身の持つ存在論的な背理に照応し、それに由来するものである。すなわち、諸個人の主体的《サブジェクティヴ》＝主観的行為の集合でありつつ、しかも各個人の主体性を超越した対象的《オブジェクティヴ》＝客観的な「社会的事実」でもあるという社会の両義的な存在性格は、原理的にどのような関係にあるのだろうか。

④ところが、法則構造論的なアプローチも主体中心的アプローチも、この認識論的＝存在論的な難問を、それ自身の論理によっては解きえない。言いかえると、この二つのアプローチは、認識の方法として射程を得るために、現実の社会の両義的存在性格からその一面のみを裁断し抽象することを、不可欠な前提としている。しかし、この方法的一面化の根拠を、この二つのアプローチは共にそれ自身の論理によっては基礎づけえない。

それゆえ、二つのアプローチのどちらにせよ、それが社会学的認識の出発点にいきなりすえられると、抽象化・一面化の方向は恣意的になりやすく、次のような危険性を生む。まず、システム一般と区別されるべき社会システムの特殊性（諸主体の協働連関の物象化によって存立）が見失われるおそれ。そしてその裏面として、原子論的《アトミズム》主体とは区別されるべき社会的事実の一モメントとしての「社会的主体」の特殊性が見失われるおそれ。ここにおいて必要とされるものこそ、「存立構造論」にほかならない。

2　存立構造論の課題

①存立構造論の課題とは、一言で言えば、一見矛盾する社会の両義的な存在性格が原理的にどのような関係にあるのか、を解明することである。より詳しく言えば、存立構造論は一般に次の二つの表裏をなす問いを解こうとする。第一に、本来自由でありうる諸個人の主体的《サブジェクティヴ》＝主観的な行為の集合か

ら、それに対して法則性・構造性を論定できるような対象的＝客観《オブジェクティヴ》的な社会的事実が、どのような論理的機制によって存立するのか。これを協働連関《ツザメンヴィルクング》の物象化の機制と言おう。第二に、物象化の裏面として、いかにして、協働連関の中で諸個人の主体性が限定され、諸個人の主体的行為の存在性格が対象的《オブジェクティヴ》＝客観的な法則性や構造性の一契機《モメント》へと変容させられるのか。これを主体の自己疎外の機制と言おう。

本章の領域に即せば、「組織の存立構造論」の課題とは、諸個人の主体的行為の集合から形成される協働連関としての組織が、どのような論理的機制によって、その存在性格を変容して社会的事実としての支配＝役割構造へと転化し、逆に本来の主体であった一人一人の個人を従属させるのか、という問題である。

次に存立構造論の課題について四つの補足的注意をしておこう。

②存立構造論は、法則構造論的アプローチと主体中心的アプローチの存在理由を否定したり、両者を不用にするものではない。むしろ、二つのアプローチに論理的に先行しつつ、両者に正当な出発点を与え、両者の接続回路を保証しようとする。この二つのアプローチは社会の両義的存在性格のそれぞれに対応するがゆえに、社会学理論において従来も二つの主流として存在してきたし、今後も存在し続けるであろう。けれども、二つのアプローチのどちらにせよ、それがいきなり社会学的認識の出発点にすえられると、前述（1の、①、②④）のような難点を生まざるをえない。それらの難点に対して存立構造論は、社会的事実がいかに存立するかという物象化論によって、法則構造論的アプローチ

の可能性を根拠づけようとし、社会的主体の存在性格を解明する疎外論によって、主体中心的アプローチの出発点を基礎づけようとする。

③存立構造論の課題は、さしあたり共時的な水準の問題であり、何らかの社会現象の時系列的な成立過程や変動過程の分析という課題とは、根本的に異るものである。つまり諸個人の協働連関が物象化し、社会的事実という存在性格を獲得して存立している場合、その存立の論理自体は、静態的現象においても、成立過程等の動態的現象においても、一瞬一瞬に貫徹している。

④存立構造論の課題は、何らかの微視《ミクロ》的アプローチと何らかの巨視《マクロ》的アプローチの接続とか、何らかの要素主義的アプローチと何らかの全体論的・システム論的アプローチの接続とかと、同義ではない。それらの接続という課題（例、方法論的個人主義と機能主義の接続、行為理論とシステム論との接続）については、すでに論議が重ねられてきたけれども、それは存立構造論の消極的契機であるにすぎない。要素たる諸個人からシステムたる社会が存立する機制の解明作業は、その積極的契機として、後に見るように、ミクロレベルにおける諸個人の主体性の変容ないし主体性連関の逆転の機制を、主題として内包しなければならない。それらの主題を欠落したままに、ミクロとマクロや、要素と全体をつなげようと試みても、問題は平板化してしまう。

⑤存立構造論の代表的な思想史的源流としては、K・マルクスの『資本論』とJ・P・サルトルの『弁証法的理性批判』がある。マルクスの『資本論』の二重の問題意識は、第一に経済領域における存立構造論であり、第二に経済領域における法則構造論であった。『資本論』の副題の「経済学批判」

とは、法則構造論しか考えてこなかったマルクス以前の古典派経済学における存立構造論の欠如を批判している。ところがその後、肝心の存立構造論が見失われることによって、『資本論』はしばしば法則構造論の領域のみへと矮小化されて解釈されてきた。

⑥組織における疎外の問題をその生成の根本において把握するためには、このような意味での存立構造論が不可欠である。言いかえれば、組織の中の疎外の根拠を次の諸アプローチによって解明しようとしても、それらは射程が部分的であったり、幻想的解釈を生み出してしまう。

第一に、基底体制還元的アプローチ（例、日本の企業組織内の疎外は資本主義という基底体制ゆえである）は、組織における疎外問題の、問題としての自律性を見失う。例えばスターリニズムの経験は、組織形態領域における疎外＝物象化の論理的機制の（経済的基底体制に対する）自律性を示唆している。

第二に、組織成員のパーソナリティ上の特質（例、支配欲、権威主義、欲望の過大さ等）のみに疎外の原因を探ろうとする要素還元主義は、問題を矮小化するものである。例えば組織内の支配者を先天的猛禽類と見たてることによっては、被支配者の疎外の根拠の十全な解明はできない。

第三に、社会的事実としての組織の支配＝役割構造の存在を自明の前提にしつつ、それが諸個人の主体性を制限し欲求を抑圧する、と捉える図式では不十分である。それでは真に問うべき問題の前で思考が停止してしまう。なぜなら、大切なのは、そのような抑圧をもたらす支配＝役割構造の生成の論理を解明することなのであるから。

3　主体性・集列性・媒介

第二節（補注1）以下での組織の存立構造論の実質的展開に先立って、次にまず鍵概念の定義と、着目すべき論点の明確化という準備的作業をしておこう。

①存立構造論の第一の鍵概念は「主体性」である。本章では「主体性」を、主体による意思決定能力及びその実行能力、と定義する。

一個人が自分の労働の成果を享受する過程を、[1]用具と労力の投入、[2]価値^{1}の生産、[3]価値の享受、[4]享受に基づく労働の継続、と分節するとすれば、一般にその各段階における主体性の保持こそ欲求充足の基盤であり、主体性の欠如こそ欲求非充足の原因である。個人的な「労働を通しての享受」の場合、主体性のモメントとしては、まず一個人が持つ自分自身の肉体的・精神的諸能力一般がある。ついで用具による主体性の増大を指摘できよう。

②欲求の充足が、目標を共有している複数の人々の協働を通して行われる場合に、主体性をめぐる問題文脈にどのような変化が生じるだろうか。

第一に、複数の人々の協働は、「[2]価値の生産」の段階において、次のような意味での「剰余価値」(surplus value, Vs) を発生させる。剰余価値（Vs）は、協働により生産される価値（$V(\Sigma i)$）と、協働なき場合に各人（i）が別々に生産する価値（$V(i)$）の単純総和（$\Sigma V(i)$）との差によって、定義される。

$$Vs = V(\Sigma i) - \Sigma V(i)$$

言いかえれば、協働連関は、それに参与する諸個人の主体性の単純総和を超えた「拡大された主体

（補注1）初出では「第二章以下」と記載したが単行本収録に際し、指示箇所の誤解を呼ぶので表記を変更した。

性」を、その固有の力として創発させる。このことは緊張に満ちた両義的可能性を、協働連関にもたらす。剰余価値は、適切に分配されればより豊かな欲求充足を可能にする（それだからこそ協働することが有意義なのである）けれども、もし一部の者に独占されるならば「交換力」へと転化し、物象化の第一契機としての支配の存立のテコになる。

③複数の人々の協働に際して生じる第二の問題点は、円滑な協働のために、①から④の諸段階を通じて複数主体間の主体性の連結が必要になることである。これは、手段的行為をめぐる副次的な「集列性」の整合化の問題である。

「集列性」（serialité）とは、存立構造論の第二の鍵概念であり、その意味は、欲求について言えば複数主体の欲求充足が相互に無関心になされることであり、意思について言えば複数主体の意思の関係がバラバラであり、整合性を欠如していることである。一般に、目標を共有している（目標に関しては集列的でな*い*）複数の人々が主体性を連結し、「協働を通しての享受」を実現するためには、彼らの意思の間の副次的集列性を克服し整合化しなければならない。（ここで「副次的」というのは、目標についてではなく手段的行為をどう行うべきかに関する集列性だからである。）

では、それは何によって可能となるだろうか。

④この文脈において、第三の鍵概念としての「媒介」が登場する。協働連関の「媒介」とは、複数主体間に存在し諸主体の主体性を整合化しつつ連結するもの、として定義される。本章の扱う組織領域での媒介とは、第二節3の〔役割分化集団の項〕で見るように、具体的には「媒介者」「規範」「用

具」である。大切なのは、媒介の出現が両義的帰結を伴うことである。一方で、媒介は諸個人の主体性を連結する「要《かなめ》」であり、協働連関の固有の力としての「拡大された主体性」の創出を可能とする。と同時に他方で、媒介をめぐって主体性連関の逆転の可能性が発生する。すなわち媒介が諸個人の分散的な主体性を統合することを通して、協働連関の固有の力を身に帯び、本来の主体である諸個人によってはもはや統禦されないものとして物神化してしまい、逆に諸個人が媒介に対して受動的に従属してしまう可能性である。

媒介をめぐる主体性連関がはたして逆転するかしないかというこの問題こそ、物象化の機制の鍵であり、以下の存立構造論の展開において、一貫して注目されねばならない。

４　存立構造論の論述方法

以上の準備作業をふまえた上で、本章の論述順序を示そう。組織の存立構造論の解明のためには、組織が、①「自由な協働連関」として形成される場合、②「物象化した協働連関」として存立する場合、という二つの対極的な存在性格をとる場合を想定し、前者から後者への存在性格の転化をできるだけ大きな振幅をもって描き出す、という方法をとることが適切である。

①組織の存立構造論の追究の第一の手続きは、組織が極限的に「自由な協働連関」として形成されている場合に、すなわち組織がもっぱら主体的《サブジェクティヴ》＝主観的な行為の集合という一義的な存在性格をもって出現する場合に、それが諸個人の行為のどのような集合から形成されているかを、明らかにするこ

とである。

自由な協働連関の極限的イメージは、サルトルが『弁証法的理性批判』において、フランス革命の際に蜂起してバスチーユへ進撃する民衆を例にして描いた、〈溶融状態の集団〉によって示されよう。その特徴は、第一に、諸個人の意思は一つの意思へと溶融しており、各人は自分の主体性の発揮と協働連関全体の主体性の発揮とを一体のものとして経験する。第二に、諸個人の間に支配―被支配関係は存在しない。第三に、各人の担う役割の内容は各人自身によって創造され、改変される。

現実の歴史の中では「自由な協働連関」の存在例は少く、M・ヴェーバーの言う「実在根拠」としてはその重要性は少いかもしれない。だがそれは、存立構造論の「認識根拠」としては非常に重要である。探究の出発点において、「自由な協働連関」をいわば「虚の光源」として定立し、それに準拠してこそ、現実の「物象化した協働連関」の存立機制と特質が、よりよく照明されうる。

この第一の手続きのために、次のような方法をとることにする。組織はさまざまな協働連関の中でもかなり複雑な水準の協働連関であるから、組織を諸主体の行為の集合としていきなり再構成するのは難しい。まず協働連関のもっとも単純な水準から出発して、一歩一歩より複雑な水準へと進みつつ、この作業を積み重ねて行こう。本章では、組織形態領域における協働連関の諸水準を、「媒介」の形の差異によって、もっとも基本的で単純な水準からより複雑な水準へ向って順番に、扇型関係《セクター》↓流動的集団↓役割分化集団↓単位組織↓複合組織、というように設定する（図1―1参照）。これらの諸水準の間には、重層的な関係がある。より複雑な水準の協働連関は、それぞれ一つ前のより単純な水準

	基本的主体	各水準で重層的に付加する諸規定	水準移行の一般条件
扇型関係	媒介者――被媒介者		
			↓継続性
流動的集団	（複数の瞬間的・交替的な）媒介者――被媒介者	・四機能要件の充足	
			↓確実性
役割分化集団	（各機能要件に対応する複数の継続的・特定的な）媒介者――被媒介者	・定常的な三種の媒介（規範・用具・媒介者）の出現 ・役割の出現	
			↓効率性
単位組織	統率者――被統率者	・諸媒介者の集権化による統率者の析出	
			↓大規模化
複合組織	中央統率者―中間統率者―被統率者	・統率者の多段化 ・複数の交流圏の分立としての部分交流型組織	

↓存在性格の転化・変容

物象化した（複合）組織	支配者―（幹部）―被支配者	・支配の存立 ・役割構造の自存化 }（図 1-2 参照） ・「要件」としての役割期待の「要請」への転化

図 1-1　組織領域における協働連関の諸水準

の諸規定を常にその内的契機《モメント》として含みつつ、かつ新たな規定の重層的付加により、前の水準には還元できない創発的特性を持ちつつ形成される。

以上の第一の手続きは、第二節において追究される。

②組織の存立構造論の第二の手続きは、諸個人の「自由な協働連関」としての組織が、どのような論理的機制によってその存在性格を変容し、「物象化した協働連関」という対極的形態に転化するかを明らかにすることである。

「物象化した協働連関」とは、協働連関が対象的《オブジェクティヴ》＝客観的な社会的事実という存在性格を基軸的な契機《モメント》として存立しており、各個人の主体性はその中に従属的に包摂されている場合である。その極限的イメージ

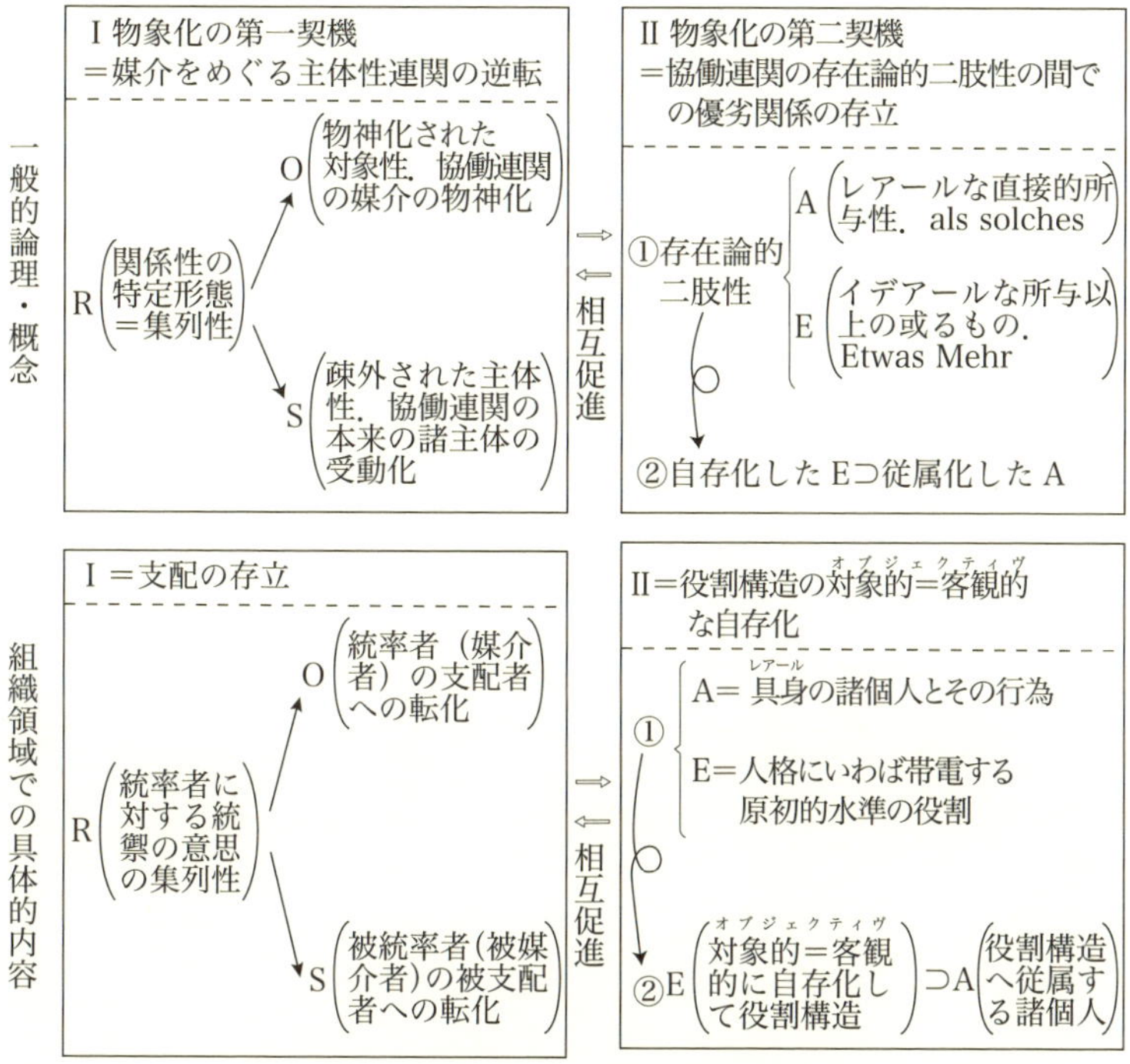

（注　E⊃A は，E が A に対して存在論的に基軸的・優越的であることを示す）

図 1-2　協働連関の物象化の基礎的論理

は、M・ヴェーバーが「生ける機械」と名づけた現代の「官僚制組織」によって示されよう。「物象化した協働連関」においては、第一に、各人は自分の意思・主体性と他者のそれとの溶融を経験することはできない。第二に、行為は支配者の命令に究極的には拘束され、それに従属しつつなされる。第三に、各人は、自分の主体性を超越しつつ先在する社会的事実としての支配＝役割構造に、従属する。

　物象化の基礎的論理は、図1―2によって示される。図1―2は、マルクスが『ドイツ・イデオロギー』以降の視座として確立し、『資本論』において経済形態領域での物象化を解明するのに駆使した論理の基本的な部分を、廣松渉氏と真木悠介氏の諸労作に依拠しつつ、筆者なりにまとめたものである[2]。

図1―2の上段に示した物象化の機制の一般的論理は、経済形態、組織形態、意識形態の各領域に共通に貫徹していると考えられ、それは相互促進的な二つの契機から構成されている。物象化の第一契機と第二契機が何を意味するかは、第三節において詳しく追究される。

第二節　協働連関の諸水準

本節の課題は、存立構造論の実質的展開の第一の手続きとして、自由な協働連関の諸水準を主体的＝主観的《サブジェクティヴ》な行為の集合として順次重層的に再構成すること、及びその各水準において、物象化の生起可能性をめぐってどのような諸問題が提起されるかを検討することである。

1　扇型関係《セクター》

自由な協働連関のもっとも単純な水準は、「協働を通しての享受」が一回だけ行われる場合にもすでに現われる「扇型関係《セクター》」である。その内容を例をまじえながら、①から⑦の一般命題で示そう。

①扇型関係は、およそ一人の主体が合図をすることによって複数の人々の主体性が整合的に連結され何事かが遂行される場合には、至る所に見出される。（例、一人の合図に基づき、力を合わせて重い物を持ち上げ運ぶ人々。一人の合図に基づき、右へ左へと進むデモ行進の隊列。一人の合図に基づき、連携プレーを行うスポーツチームのメンバー、テンポを合わせつつ行われる音楽演奏、等。）

②扇型関係を構成する複数の主体の間には、共通の目標が存在している。これは扇型関係という協働連関の形成の前提である。

③扇型関係を構成する複数主体は、N人（Nは2以上の任意の整数）の「被媒介者」と一人の「媒介者」とに分化しつつ、彼らの主体性を連結する。もっとも簡単な扇型関係は、二人の被媒介者と一人の媒介者とから成る「三人関係《トライアド》」である。

④「媒介者」は、共通の目標に向かう複数主体の間に、どのように手段的行為を分節し配分するかをめぐって発生する諸主体間の副次的集列性を、自らの指示によって調整し整合化する主体、として定義される。

⑤「被媒介者」は、媒介者が副次的集列性を整合化するために発する指示に沿って行為する、媒介者以外のすべての諸主体、として定義される。被媒介者の一人一人の主体性の発揮によって、協働は現実に有効なものとなり目標を達成することができる。

⑥扇型関係において、媒介者と被媒介者のそれぞれの主体性には次の規定が加わる。第一に、媒介者の意思決定は協働参与者の全員にかかわるという意味で概括的であり、他方被媒介者のそれは、媒

介者の指示の枠の中で自分自身の行為をどうなすべきかのみにかかわるという意味で細目的である。第二に、媒介者の指示に沿って被媒介者たちが整合的に行為することによって、またその限りにおいて、協働連関の固有の力としての「拡大された主体性」が、媒介者の意思のもとにおかれる。他方、被媒介者の主体性は、彼らが媒介者の指示する枠の中で行為する限りにおいて、「限定された主体性」となる。

（例、複数の人々が重い物を持ち上げ運ぶ場合、誰かが、持ち上げるタイミング、運ぶ方向、おろすタイミングについて合図をしなければならない。仮にいっさいの合図がなければ、彼らは「力を合わせる」ことができない。各々の瞬間に、かけ声等の合図をすることによって人々の意思の整合性を保障し、人々の主体性を連結する個人は、そのつど媒介者になっている。他方、合図に沿って行為する人々は、そのつど被媒介者になっている。同様に、デモ行進を先導する人、サインを出すスポーツチームのコーチ、音楽演奏のテンポの合図をする人等は、人々の副次的集列性を整合化する合図をする限りにおいて、そのつど媒介者となっている。他方デモ隊員、スポーツチームのメンバー、演奏者等は、媒介者の合図に沿って行為する限りにおいて、被媒介者となっている。）

⑦扇型関係《セクター》は存在論的な二肢性において存在する。「存在論的な二肢性」とは、廣松渉氏が詳述しているように[3]、協働連関の中での人間の行為の存在論的な二つの契機、すなわちレアールな直接的所与性（als solches, 略してA）と、イデアールな「以上の或るもの」（Etwas Mehr, 略してE）のことである。扇型関係《セクター》においては、具身《レアール》の諸個人の身体的動作という直接的所与性（A）の上に、「媒介者」と「被媒介者」という規定が、イデアールな「以上の或るもの」（E）として、いわば帯電している。

この「以上の或るもの」という契機は、諸個人間の関係性の中ではじめて出現する。すなわち、あらかじめ媒介者と被媒介者とが別々に存在し、両者が結合することにより協働連関が形成されるのではない。逆に、協働連関の中での他主体との関係のあり方と行為の仕方が、誰が媒介者であり、誰が被媒介者であるのかを、そのつど定義するのである。

⑧次に補足的注意をいくつかしておこう。

第一に、以上のモデルは「扇」にたとえることができるから扇型関係と言うのである。一つの「要《かなめ》」によってN個の羽根片が連結されて、扇が創発的に形成されるように、一人の媒介者によってN人の被媒介者の主体性が整合的に連結され、扇型関係が創発的に形成される。

第二の注意。存立構造論の文脈においては、その出発点に扇型関係《セクター》モデルを定位すべきであって、通常の社会学の役割理論の出発点としての「二人関係《ダイアド》モデル」を置いたのでは、展開力を持たない。なぜならまず、二人関係と三人以上の多人数の協働関係とには質的な断絶があり、二人関係《ダイアド》モデルから後者への一般化的な拡張が困難である[4]。次に、二人関係モデルによって「支配」を捉えようとすると、なぜ二人の主体の間に支配の根拠となるような力関係の格差が生じるのか、という問いに対し、一般性をもって答えることができない。この二人関係モデルの直面する二つのアポリヤに対し、扇型関係モデルは後に見るように、それらを解決することができる。

第三の注意。媒介者と被媒介者の分化は存在論的に不可避である。複数の人間たちがそれぞれ独立の意思を持って共存するという、人間社会のアプリオリな存在形式の前提のもとでは、協働に際して複数主体の主体性を連結するためには、媒介者が析出されざるをえない。どのような単純な協働関係であれ、このような媒介者と被媒介者との分化は、明示的でなくとも黙示的に、継続的・特定的でなくとも瞬間的・交替的には存在している。

⑨では、疎外＝物象化の存立可能性という点から見ると、扇型関係はどのような意義を持つだろうか。扇型関係の水準では、被媒介者が媒介者の指示に沿って行為する根拠は、彼らの間で前提されているところの目標の共通性であり、「強制」は含意されていない。共通の目標の達成のためには、便宜的に誰かが合図（副次的集列性の整合化）をしなければならない。媒介者の指示はそのために行われるのであって、それは各人の意思の彼処における発現であるとも言えよう。この水準での被媒介者の主体性の「限定」とは、協働連関の形成のために必要な「要件」（requisite）として行われるのであって、拘束性や不自由性は含意されていない。総じて扇型関係は、その構造が簡明であり、媒介者と被媒介者の間の主体性格差は小さく、自由な協働連関という性格を維持しやすい。

けれども、扇型関係は人々の主体性の連結を、そのつど一時的にしか保障しない。「協働を通しての享受」の継続が問題になる場合には、扇型関係は享受の継続性を保証しえず限界を現わし、より高次の水準の協働連関の形成が必要となる。

2　流動的集団

「協働を通しての継続的な享受」を可能にする協働連関の水準として、最初のものは何であろうか。

それは次の①から⑥によって示される「流動的集団」である。

①「流動的集団」とは、複数の扇型関係の凝集的な集まりが、個人及び社会に対して一定の条件を充たすことによって、継続性を獲得するに至った最初の状態である。（典型的例は、突発的な事件をきっかけに生起した集合行動（複数の扇型関係の集まり）から、一つの持続的な運動集団が形成された場合の、その初期の状態である。例えば、サルトルが描いたような、フランス革命時にバスチーユを占拠したパリの民衆の作る集団[5]、工場公害の突発に抗議して作られる住民運動集団の初期の状態、等々。）

②この流動的集団の水準においては、協働連関はもっとも純粋に主体的《サブジェクティヴ》＝主観的な行為の集合という一義的な存在性格において存在し、より高次の水準で現われる「役割」は未だ出現していない。すなわち、人々の行為に定型性が欠如し、誰が何を行うかは流動的で、そのつどの行為は個性的であり、一回ごとの選択によって決められる。人々の間の関係も、そのつどの自由な創意の発揮によって、絶えず改変され修正される。

③複数の扇型関係の集まりが、継続性を獲得し流動的集団となる可能性は、それが個人及び社会に対して、次の四条件を充足しうるかどうかに依存する。

まず集団を構成する諸個人の側から見て、

㋐個人にとっての参加の必要性。すなわち個人の何らかの欲求充足が、集団に参加してはじめてないしはよりよく充足できるということ。

㋑個人にとっての参加の可能性。特定の形態の生活構造を形成している個人にとって、一つの集団

	手段的	目的的
外的	適応 （㋓社会に対する存在の可能性）	目標達成 （㋒社会に対する存在の必要性）
内的	貢献の確保 （㋑個人の参加の可能性）	成員欲求の充足 （㋐個人にとっての参加の必要性）

図 1-3　集団の機能要件

に参加することに伴う諸コストを、生活構造全体の維持との関連で負担しえるということ。

次に集団がその中に存在する社会との関連から見れば、

㋒社会に対する集団の存在の必要性。すなわち、特定の社会の中で集団の果す対外的機能が、社会（ないし社会の一部分）から必要とされていること。

㋓社会に対する集団の存在の可能性。特定の社会の諸条件のもとでのさまざまな圧力や困難に抗して、集団が存続しうる能力を持っていること。

以上のうち、集団の存在の必要性に関しては、㋐と㋒の少くとも一方が、存在の可能性に関しては㋑と㋓の双方が、充足されなければならない。これら四条件の充足は、個人の生活構造及び社会という集団にとって外的な二つの要因との相関関係の中で、行われるものである。だが視点を変えて、これらの諸条件の充足をもっぱら集団を準拠点にとることにより、集団内を説明する用語で語ることもできる。

何らかのシステムあるいは主体の存続と発展のために解決されなければならない一定の課題あるいは充足されなければならない一定の条件、という意味での「機能要件（functional requisite）」概念を使えば、前述の㋐㋑㋒㋓の充足は、図1―3のような四機能要件[6]（すなわち「適応」、「目標達成」、「貢献の確保」、「成員欲求の充足」）の充足として、捉えなおすことができる。

④つまり扇型関係の集まりは、これらの四機能要件を充足する限りにおいて、流動的集団の水準を維持し続け、それへの参加者には「成員」という規定が付加する。言いかえれば、流動的集団の内部では、これらの四機能要件の充足のためのさまざまな扇型関係（「適応」のための扇型関係、「目標達成」のための扇型関係等）が、そのつど形成され組み合わされねばならない。

⑤この水準での媒介者のあり方は、四機能要件に対応する各々の扇型関係のいかなる媒介者についても継続的な特定化がない、という意味で「流動的分権」である。すなわち、どの成員も流動的にある瞬間にはある機能要件の媒介者になり、次の瞬間には被媒介者になるという形で、次々と交替するものである。（例えば、成立当初の住民運動集団においては、集会場の手配（適応）も、要求の集約と提出（目標達成）も、近隣者の動員（貢献確保）も、誰が媒介者になるかは特定化されておらず流動的で、そのつどの行為によって決められる。）

⑥疎外＝物象化の存立可能性という点から見ると、成員間のこのような関係性は、成員間に主体性格差が固定的・永続的に発生することを妨げ、物象化の第一契機としての支配の存立を防止する。けれども流動的集団の水準においては、定型的《ルーティン》な問題解決過程が欠如しており、協働の実行・継続についての確実性が不足し、人々の主体性を整合的に連結するために、膨大な労力を必要とする。「協働を通しての継続的な享受」の確実性が必要になる場合には、協働連関は流動的集団の水準にはとどまりえず、「行為の定型化」によって、「役割分化集団」の水準へと移行せざるをえない。

3　役割分化集団

①「役割分化集団」とは、流動的集団の諸規定の上に、「成員の行為の定型化による役割の存立」及び「諸成員の役割行為の整合的な連結を保障する規範・用具・媒介者という三種の媒介の出現」という二つの規定が重層的に付加することによって、形成される集団である。

②まず「行為の定型化」とは、成員の行為に相互に理解され継続的反復が期待された定型性が存在するようになること、である。このことは成員の間に、行為に関する「期待の相補性」と「期待の相互性」とが形成されることによって可能となる。主体Xについての「期待の相補性（complementarity）」とは、主体Xの行為に対する他の主体Yの期待が、X自身が自分はどう行為したいか、どう行為すべきかと考えていることと、一致することを意味する。「期待の相互性（reciprocity）」とは、関係しあう二主体X・Yの間で、期待の相補性がXについてもYについても共に成立していることを言う。

期待の相補性と相互性に裏打ちされた行為の定型化によって、協働連関の存在性格は次のように変容する。扇型関係や流動的集団の水準においては、協働連関の存在論的な二肢性のうちのイデアールな「以上の或るもの」（Etwas Mehr）という契機は、そのつどの行為に瞬間的に帯電するにすぎない（本節1の⑦、2の②）。ところがこの契機（E）は行為の定型化によっていわば結晶化し、「役割」として存立するようになる。

役割の存立のこの原初的水準においては、役割とは、協働連関の中で行為に帯電する直接的所与性「以上の或るもの」（E）が、他の成員たちとの「期待の相補性と相互性」に裏打ちされつつ、定型化するに至ったもの、と言うことができよう。つまり、役割は、具身《レアール》の諸個人のそのつどの行為（直接的所与性、A）によってのみ具現化するけれども、それのみには還元できないイデアールな存在性格（E）を持っているのである。

注意すべきなのは、この水準では、役割がその担い手から自存化した存在性を持っていないということ、役割は「人格にいわば帯電する役割」だということである（図1—2参照）。

このように協働連関の存在論的二肢性に基礎づけて役割を把握することが、第三節で見るように、物象化の第二契機（役割構造の対象的《オブジェクティヴ》＝客観的な自存化）の論定を可能にする。

③各成員の主体性を連結する「媒介」という視点から見れば、成員の行為が定型化し役割が存立するためには、継続的かつ確実に、成員間の副次的集列性が整合化され各成員の主体性が連結されねばならない。そのために役割分化集団において必要とされる媒介は、流動的集団の水準よりもはるかに複雑な姿を示す。

すなわち、役割分化集団においては、「媒介者」に加えて、「規範」と「用具」という新たな種類の媒介が出現する。

媒介としての「規範」は、なすべきこととなすべきでないことを指示する記号《コトバ》の体系として、成員の主体性を限定し、それによって副次的集列性を調整し、集団の存続可能性を増大させる。規範は何らかの制裁《サンクション》のうらづけによってその実効性を保障される。規範に対する成員の側の意識は、規範に関する価値判断の総体によって構成されている規範意識である。規範意識は諸個人の自我同一性《アイデンティティ》の一つの柱となることによって、生活構造の維持と集団への参加動機を共に強化し安定させる。

媒介としての「用具」は、その使用によって複数の諸個人の主体性が連結し、協働が現実的に可能になる事物《モノ》という意味での媒介である。さらに用具は、その使用が剰余価値を増大させ、「協働を通しての享受」の量・質を豊富化させることによって人々を集団へと結集せしめる、という意味でも媒介である。（たしかに用具はすでに扇型関係の水準においても出現しうるが、その位置は不安定なものである。役割分化集団の水準においては、特定の用具が各役割の契機として定型的に使用され、用具は協働連関の中で確固とした位置を占めるようになる。）

次に「媒介者」について。すでに見たように、集団の存続のためには、四機能要件の各々を充足するための複数の扇型関係が、集団の構成契機として形成されねばならない。役割分化集団の水準においては、それぞれの扇型関係の各媒介者は、各扇型関係が充足する機能要件に対応した規定の重層的付加によって、「適応のための媒介者」、「目標達成のための媒介者」、「貢献確保のための媒介者」、「成員欲求の充足のための媒介者」として性格づけられる。また他の成員はこれらの媒介者でない限りにおいて、それぞれの扇型関係の被媒介者として性格づけられる。

（例、職業的音楽家の集団は、適応、目標達成、貢献確保、成員欲求充足という各機能要件に対応する媒介者として順に、会場装置係、指揮者、総務係、会計係を作りだす。また、楽譜は規範の一例として、楽器・音響装置、演奏会場等は用具として、それぞれ諸成員の主体性を整合化させ連結させる媒介である。）

④三種の媒介の中でも、組織形態領域を扱う本章においては、ヒトによる媒介＝媒介者こそが主要

な媒介であり、規範と用具は補助的な媒介である。（これに対し、経済形態領域の存立構造論においては、モノによる媒介（用具、貨幣、資本等）が、意識形態領域の存立構造論においては、コトバによる媒介（規範はその一例）が、それぞれ主要な媒介となるであろう[7]。）

⑤媒介をめぐる主体性連関。ここで重要なのは、協働連関の中での諸個人の主体性の被る運命がいかなるものであるかが、協働連関の三種の媒介（規範・用具・媒介者）をめぐる主体性連関がどのようであるか、に左右されるということである。では諸個人の主体性と三種の媒介とはいかなる関係にあるのだろうか。

第一に確認すべきことは、被媒介者たる諸個人こそが媒介に対して本来的には主体である、ということである。規範にせよ、用具にせよ、媒介者にせよ、これらの媒介が作用し始め有効に作用を続けうるのは、被媒介者たる諸個人のそのつどの行為における主体性の発揮によってである。

第二にしかも、諸媒介が有効に作用し協働連関が形成されるのは、被媒介者たる諸個人が行為に際し、媒介の指示に沿いつつ各自の主体性を限定する限りにおいてである（規範の遵守、技術的要件[8]に沿った用具の使用、媒介者の指示の遵守）。この「主体性の限定」は、協働連関の成立のための要件（requisite）であって、支配や受動性や疎外の有無に関しては中立的な意味で使われており、それらをただちには含意しない。

けれども第三に、要件としての「主体性の限定」は、各人の主体性の受動的制限や疎外を生む基盤となるのである。被媒介者たちの主体性の限定に伴い、媒介者は協働連関の固有の力としての「拡大された主体性」を自分の意思のもとにおくから、両者の間には主体性の格差が発生する。この主体性格差は、成員間における価値の入手・享受の不平等化と、支配の存立の可能性を分泌する。すなわち、協働連関全体としては「拡大された主体性」（剰余価値）が創出されたとしても、成員間の主体性格差が伴う以上、成員一人一人の享受が豊富化することは、自動的に保証されているわけではなくなる。

剰余価値を諸個人が内化し享受が豊富化するためには、諸個人があくまでも諸媒介に対してそれらを統禦する主体であり続けることが必要である。とりわけ組織形態領域を扱う本章の文脈では、主要な媒介としての媒介者が物神化して「支配者」として存立する（物象化の第一契機）のを防止することが鍵である。

⑤媒介をめぐる主体性連関の問題に対して、役割分化集団はどのような条件を提供するだろうか。役割分化集団の水準では、主要な媒介としての諸々の媒介者の役割を、複数の成員が分権的に担っている。それゆえこの水準では、複数の媒介者の相互的牽制によって成員間の主体性格差の拡大を防ぎ、支配の存立を防止しうる基盤が存在するのである。

しかし、役割分化集団は、協働の効率性が徹底して必要になるにつれて、複数の媒介者の分権的存在という形を維持しえず、より高次の協働連関の水準へと移行せざるをえない。

4　単位組織

役割分化集団において効率性が徹底的に追及された場合、それは、「諸媒介者の集権化による一人の統率者の析出」という新たな規定の重層的付加によって、「組織集団」（略して「組織」）の水準へと移行する。効率性とは、同じ労力のもとでより高度な目標達成（価値の生産）をすることである。（効率性を徹底的に追及せしめる要因として経験的に重要なのは、内部成員の意欲と並んで、対外的な相剋性状況に打ち勝つ必要である。）

ところが役割分化集団においては複数の媒介者が並存するから、彼らの間の意思の整合化に労力と時間がかかり、このことが効率性の追求に限界を画する（船頭多くして、船、山にのぼる）。この整合化の労力を不用にし、意思決定にかかる時間を短縮するために諸媒介者の意思を次の方法で一つにすることが、組織を存立せしめる。すなわち組織は、諸機能要件に対応したさまざまの扇型関係を、すべての媒介者を一人の成員に集権化させるという形で重ね合わせ、単一の骨格的な扇型関係を形成するにいたった役割分化集団である。組織の最も単純な形態は、次の①から⑤によって示される「単位組織[9]」である。

①「単位組織」とは、集権化された媒介者としての統率者が一段であること、すなわち統率者が直接的にすべての被統率者を媒介する組織、として定義される。それゆえ経験的には、単位組織は成員が小人数の場合のみに可能である。媒介者の数という点から見れば、単位組織は役割分化集団よりも簡素な形態を示すけれども、存立構造論の文脈においてはより高次の水準に位置する。

②「統率者」とは、組織において必要とされる副次的集列性の整合化を、諸機能要件の充足のすべてにわたって集権的に遂行する媒介者を言う。

③「被統率者」とは、組織において、自らは諸機能要件のいずれに関しても（副次的集列性の整合化を行う）媒介者となることはなく、常に被媒介者として、統率者の指示に沿って行為する成員を言う。（例、一人の経営者が十人ほどの従業員に直接指示を与える小企業組織の場合、経営者は、原材料の入手（適応）、製造・販売（目標達成）、モラールの向上（貢献確保）、給与の支払い（成員欲求の充足）という四機能要件のすべてにわたって従業員間の意思を整合化する媒介者であることによって、組織の統率者となっている。他方、従業員は常に被媒介者であることによって被統率者となっている。）

④支配関係が存立していない本章のこの水準において、統率者と被統率者の役割内容は、次のような対照的差異を示す。

第一に情報の循環について。統率者はすべての被統率者からの報告と要望の集約点であるとともに、すべての被統率者への指示の伝達の中心点であり、基本的な意思伝達に関する放射状の情報循環回路が、統率者を中心に構造化される。各被統率者は放射状の回路の各末端に位置し、統率者との間で往復的な情報交換を行う。すなわち、被統率者は各自の役割の遂行状況や当面する問題や要望を、そのつど統率者に報告し、統率者からは各自の役割遂行の大枠について指示を受ける。

第二に状況認識の質について。統率者は各被統率者から寄せられる要約的情報の集中点であるがゆえに、個々の事態については直接的当事者たる各被統率者に比べて、より抽象的な認識になるのは免れないものの、それらの情報の総合化的再構成により包括的視野を持ちうる。他方、被統率者は情報の流れの集中点ではないから、視野がより局部的になるのは免れないものの、自分の直面する個々の事態については、それをその具体性において敏感に把握しうる。

第三に役割上敏感になる課題について。各被統率者が第一義的に敏感になり執着するのは、それぞれの役割の当面する課題であり、それと同等の敏感な関心を、他の役割の課題に対しては払いえない。他方、統率者が第一義的課題とするのは組織全体の維持であり、そのために、複数の被統率者から寄せられる要望群を相互に対比しつつ、個々の要望を相対化する。

第四に意思決定の質について。統率者は組織における協働過程の総体を考慮しつつ、大局的・概括的意思決定を行う。他方被統率者は、各自が受け持つ役割に関する局部的・細目的意志決定を行う。成員間に対立が生じた場合、各被統率者は各自の役割課題を守ろうとし、それを他の主体のために犠牲にすることに抵抗する。他方統率者は、それぞれの被統率者の固執する課題間の対立の調整をめざし、場合によっては対立を敢えて決済し通約する。

第五に、協働に随伴し暗黙に配分される諸価値の享受について。統率者の労働は協働過程の総体を見わたし管理するという意味で「精神労働」的であり、労働自体が「やりがいのある」可能性が多いのに対し、被統率者の労働は断片的・補助的という意味でより「肉体労働」的である。また、統率者は協働過程の中心であるゆえに威光を持ち尊敬を寄せられやすいのに対し、被統率者にはそういう機会はより少ししかない。

⑤では存立構造論の鍵問題としての「媒介をめぐる主体性連関」は、単位組織においてはどうなるだろうか。

単位組織においては、諸媒介者が一人の統率者に集権されているという定義上の特徴からして、成員間の主体性格差は、役割分化集団におけるよりも拡大する。それゆえ媒介をめぐる主体性連関の逆転の可能性、すなわち統率者の「支配者」への転化と被統率者の「被支配者」への転化の可能性が、立ち現われる。

けれども単位組織は、単位組織であるというその小規模性によって、全成員が他の全成員と直接的に相互作用をするという意味での「全員交流型」[10]組織であることが可能であり、このことが被統率者たちによる統率者に対する統禦の基盤を提供する。(全員交流型の反対概念は「個別結合型」組織である。その理念型は、各被統率者はそれぞれ個別には統率者と相互作用をし、統率者を中心とした扇型関係において統率者を媒介にして間接的には結合しているけれども、被統率者どうしが直接的には相互作用をしないという組織である。)

被統率者たちが連帯して統率者を統禦することは、彼らが統禦に関する合意を形成し(例えば、全成員の参加する「総会の決議」が統率者を拘束するという原則を確立し)、必要とあらば意思一致して統率者に対抗する用意がある場合に、可能である。単位組織は全員交流型でありうることによって、被統率者たちの連帯・意思一致の形成に有利な基盤を提供し、統率者に対する統禦の可能性を基礎づける。

⑥しかし、統率者の段数が一段である単位組織という形態は、一人の統率者が全成員に直接の指示を与えうるような小規模の人数(経験的には最大でも数十人程度)の範囲でのみ、協働を可能にするにすぎず、より大規模の人数の協働を実現しえない。大規模な協働は、複数の単位組織を媒介し統率す

る新たな統率者が析出され（統率者の多段化）、複数の単位組織の主体性が継続的に連結されることによってのみ、可能となる。その時協働連関は単位組織の水準を超えて、より複雑な「複合組織」へと移行する。

5　複合組織

①「複合組織」とは、集権的な媒介者としての統率者が多段（二段以上）である組織である。いかなる大規模な協働も、原理的には統率者を多段化することによって可能であるから、複合組織とはいかなる大規模組織をも含みうる一般性をもった組織形態である。例えば成員が百万人余りというような経験的に存在する最大規模の組織（巨大企業、大労組等）も、統率者の段数が十段ほどの複合組織なのである。

②存立構造論の文脈では、単位組織と区別されるべき複合組織水準の固有の諸特徴は、統率者が二段の複合組織で出そろう。それゆえ論述を簡明にするために、図1—4に示すような統率者が二段の複合組織のモデルを使って、この水準の特徴を考えよう。

図1—4に示すように、複合組織の中にはその構成要素として、一つの中央単位組織とN個の末端単位組織が重層的に内包されており、成員は一人の中央統率者、N人の中間統率者、多数の被統率者へと三層に分化する。

③「中央統率者」は、中央単位組織の統率を通して、すなわち中央単位組織での被統率者たる中間

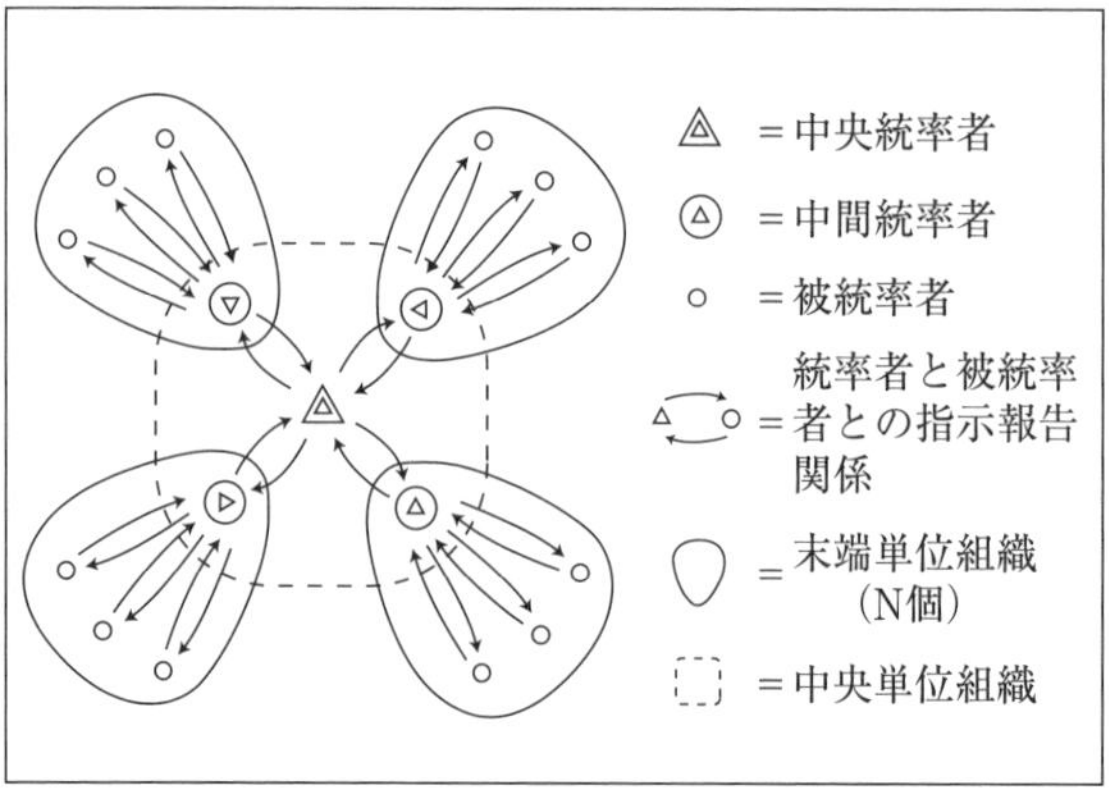

図 1-4　複合組織（統率者が二段の場合）

統率者間の副次的集列性を整合化することを通して、N個の末端単位組織を媒介し、それらの主体性を連結する。

④「中間統率者」は二つの単位組織に属している。彼は中央単位組織においては被統率者として、中央統率者によって媒介され統率される。また彼はそれぞれ別の末端単位組織にも所属し、そこにおいては統率者として、そこに属する被統率者たちの間の副次的集列性の整合化を行う。中間統率者は、中央統率者と組織の周辺部の被統率者とを、状況の認識、意思決定、主体性の発揮等のあらゆる面において連結する。

⑤「被統率者」はそれぞれの末端単位組織にのみ所属し、中間統率者によって媒介され統率される。彼は中央統率者によっては直接的には媒介されない。各被統率者の意思決定は細目的ではあるものの、彼ら一人一人の主体性の発揮こそ、複合組織の巨大な主体性を根拠づける。

⑥複合組織における成員の三層への分化と統率者の多段化は、単位組織の水準においてすでに現われていた統率者

と被統率者の役割の対照的差異（本節4の④で示した、状況認識や意思決定の質等についての差異）を、まず量的に拡大させる。さらにこれらのことは、複合組織の基本性格を単位組織に対比して、質的にも変容させる。その変容とは、複合組織においては全員交流型組織が不可能になり、被統率者どうしが直接的相互作用を行いうる交流圏が断片化・分散化することである。

複合組織の水準において一般的なのは、全員交流型でも個別結合型でもなく、「部分交流型」組織である。「部分交流型」とは、組織内の諸部分においてそれぞれ一定範囲においては全員交流の関係ができるけれども、複数の部分的交流圏が並存するにとどまり、組織全体が一つの交流圏となるには至らないという形態である。複合組織が部分交流型とならざるをえないのは、一人の統率者によっては全成員を直接に統率できないほどの多人数であるという、複合組織の定義上の特質に由来する。

⑦以上の複合組織の諸特徴のもとで、媒介をめぐる主体性連関の逆転の可能性が増大する。その理由は、第一に、単位組織に比べて三層の成員の主体性格差が量的に拡大すること。第二に、部分交流型であることによって、協働の前提としての「目標の共通性」の実質的意味が変化すること。外面的に観察し抽象的に概括すれば、複合組織の全成員に共通の目標があるように見えても、各成員がそれぞれの役割において具体的にそのつど目ざす目標は多様化する。このことは、成員たちの内面的な参加動機の集列性を許容する基盤となる。第三に、部分交流型であるゆえに、中央統率者を統禦するために全被統率者が合意を形成し意思一致して行為するのが、困難になること（分割による支配の可能性）。

複合組織がいかなる行為の集合であるかを示す本章のこの水準においては、成員の三層の役割への分化は、一枚の水平面上の放射状の情報循環回路の上での中心か周辺かという分化であって、未だ垂直的支配関係は含意されていない。けれどもこの水平的放射状関係は、その中央部分（中央統率者と中間統率者）が絶えず上昇しようとする傾向を持っており、垂直的ピラミッド関係へと転化する圧力を内包している。つまり大規模な協働は原理的なジレンマへと宿命づけられている。統率者の多段化がなければ大規模な協働は形成しえない。しかし統率者の多段化が進めば進むほど、協働関係が支配関係へ転化する可能性も不可避的に増大する。

第三節　組織の物象化

前節で追究されたのは、協働連関の諸水準が諸個人の主体的行為のどのような集合であるかという、組織の存立構造論の第一の手続きであった。それをふまえた上で本章の課題は、第二の手続きとしての「物象化の論理」の解明である。

本章の方法にいくつかの限定をつけておこう。

①本章は物象化の論理をもっとも鮮明にするために、複合組織に即して考察を進める。それによって、単位組織や役割分化集団の水準で存立する物象化に関しても、若干の条件の違いを補足すれば洞察が得られるはずである。

②本章の追究するのは、多様な経験的諸条件の下で、果たして物象化が起こるかどうかの確率や必

然性を論定することではない。経験的には、以下の諸条件があればあるほど、組織の物象化は促進される。

第一に大規模性。組織は大規模になるほど統率者を多段化せざるをえず、このことは統率者の特定化を促進し、成員間の視野と利害の分化を強め、主体性格差を拡大し、被統率者による統率者に対する統禦を困難化する。

第二に強制的＝拘束的《コンパルシヴ》な効率化。すなわち、典型的には企業間競争に見られるように、外部状況から課せられ、その強度を組織自身の力では自発的に抑制できない効率化である。この帰結は、能力主義の徹底に基づく役割分担の固定化、行為の禁欲性の強化、規律の強化等であり、総じて支配の存立を促進する。

第三に成員にとっての組織加入の不可欠性。組織が成員に保障する価値が成員の生活の維持と充実に不可欠である（例、貨幣収入）ほど、物象化した組織に対して成員がさまざまな不満を抱いたとしても、離脱によって抵抗することが困難になる。

これらの経験的な物象化促進要因は、個別具体事例の把握には重要であるけれども、本節はこれらの要因の存在を前提せず、それらの有無にかかわりなく、事実として組織が物象化している場合、そこにどのような基本的論理が貫徹しているかを追究する。本節で前提する条件は、1の①②で示すように、各成員の内面的な参加動機の集列性と、その帰結としての、中央統率者をはじめとする諸媒介に対する統禦に関しての、被統率者たちの意思の集列性である。

組織の物象化の機制は、図1―2に論理の骨格を示したように、「支配の存立」及び「役割構造の対象的《オブジェクティヴ》＝客観的な自存化」という二つの、しかも相互に促進しあう契機によって構成されている。これらを順次、詳しく検討していこう。

1　支配の存立――物象化の第一契機

物象化の第一契機としての「支配の存立」が生起するかどうかは、諸媒介をめぐる主体性連関が逆転するかどうか、すなわち媒介の物神化が起こるかどうか、という問題である。

①前章で記したように、複合組織においては、中央統率者が「支配者」へと上昇転化する傾向性が内包されていた。この傾向性の基盤の上に、図1―2に示すような $R\begin{smallmatrix}\nearrow O\\ \searrow S\end{smallmatrix}$ の論理が貫徹することによって、媒介をめぐる主体性連関が逆転し、支配が存立する。

R（関係性の特定形態）。複合組織の中の被統率者たちは、協働目標の達成に向かう限りでは、統率者によって副次的集列性を整合化されつつ彼らの主体性を連結しているものの、中央統率者に対する統禦に関しては彼らの意思が集列性関係にあるゆえに彼らの主体性を連結しえない。この意味での被統率者たちの集列性関係が、次の二つの表裏をなす帰結を生む。

O（物神化された対象性）。組織の「中央統率者」は、協働連関の固有の力としての「拡大された主体性」（剰余価値）を私的に占有し個々の被統率者によってはもはや統禦されない、という規定の重層的付加によって、「支配者」へと転化する。また「中間統率者」は、支配者の支配を支えるという規定の付加によって「幹部」へと転化する。

S（疎外された主体性）。協働連関の本来の主体としての各被統率者は、自らが作り出した協働連関の固有の力としての「拡大された主体性」をもはや統禦しえない、という規定の付加によって、「被支配者」へと転化する。「疎外」とは、自分の主体性の発揮（外化）にもかかわらず、その成果（協働連関の固有の力としての「拡大された主体性」、剰余価値）を統禦し享受すること（内化）ができないこと、として定義される。

②複合組織においてこのようにして支配の存立する根拠を、より詳しく説明しよう。

被統率者たちの集列性関係（R）は、基本的には、現代社会の基軸的な人間関係としての、人々の生活構造の間の集列性が組織内へ浸透することに由来し、本節にとっては前提条件である。それは具体的にはまず、複合組織への各成員の内面的な参加動機の集列性として現われる。このことは、複合組織が「部分交流型」であるということによって促進される。

さらに、内面的参加動機の集列性は、部分交流型という条件とあいまって、中央統率者に対する統禦に関しての被統率者たちの意思の集列性を帰結させる。部分交流型組織においては、被統率者たちはそれぞれ分立した複数の交流圏に分散的に所属しているから、中央統率者に対する統禦に関して多数の被統率者の意思を直接的に整合化させること（直接的統禦）は、極めて困難である。そのような多数の被統率者たちが統禦に関する集列性を克服し中央統率者に対抗しうるのは、間接的統禦が実現されること、すなわち中間統率者たちが被統率者の側に立ち、彼らの指導が被統率者たちの統禦の意思を整合化することによって、初めて可能となる（間接的統禦）。（この場合中間統率者は、支配者に忠実な幹部ではなく、被統率者たちの「代表者」となる）。しかし、成員たちの参加動機の集列性の条件のもとでは、中間統率者の私的利害関心は、被統率者の側に立って間接的統禦の積極的な担い手となるよりも、中央統率者の側に立って中央統率者からより多くの剰余価値を配分されることを志向する。これに対応して中央統率者は、中間統率者の私的利害関心に訴えて、とりわけ剰余価値の配分に際して被統率者より優遇するという方法によって、彼らを自己に忠実な幹部にすることができる。

以上のようにして、複合組織における被統率者たちの中央統率者に対する統禦の意思の集列性は、中間統率者が中央統率者の側に立つことによって決定づけられる。

③次に、支配者の存立（O：物神化された対象性）と、被統率者の被支配者への転化（S：疎外された主体性）とが、どのように表裏をなす関係にあるかを、以下の三命題のⅠ→Ⅱ→Ⅲ→Ⅰという論理的循環によって示そう。問題の軸は主体性連関の逆転である。

Ⅰ、支配者と個々の被支配者の「交換力」の格差が、支配者に対する個々の被支配者の服従や忠誠を作り出す。

ここで主体Xが主体Yに対して持つ「交換力」とは、Yが欲する価値をXが所有あるいは管理しており、その価値を与えることを交換条件にしつつ、Yに対してXの意思を押しつけることのできるXの能力のことである。個々の被支配者の顕在的な反抗に対しては、支配者が交換力格差の裏づけのもとに制裁を課すから、それを避けるためには、被支配者は内面的には不満があったとしても外面的には支配者に服従せざるをえない。

Ⅱ、被支配者（被統率者）の服従や忠誠があるから、またその限りにおいて、組織の支配者（中央統率者）は協働を有効に統率することができ、協働連関の固有の力としての拡大された主体性が発揮され、組織は剰余価値を伴いつつ価値を生産することができる。

Ⅲ、協働連関に固有の力としての「拡大された主体性」（剰余価値）が支配者に入手されることにより、支配者の持つ交換力（例、制裁の発動、用具や報酬等の諸価値の配分）に転化し、支配者と被支配者の間に交換力格差が出現する。（このⅢの条件となっているのは、被支配者たちの集列性関係に由来する彼らの支配者に対する統禦の不可能性である）。そして、この交換力格差の発生が再びⅠへと論理を回帰させ、循環させるのである。

④支配の存立の機制を以上のように扇型関係モデルを基本にして説明することには、次のような理論的主張がこめられている。

第一に、支配を、二人関係《ダイアド》モデルを使い、二主体間の交換力格差によって説明しようとする、P・M・ブラウらの理論に対する批判[11]。二人関係モデルを使った支配理論は、交換力格差の発生の一般的根拠を説明しえない。これに対し扇型関係モデルは、媒介をめぐる主体性連関の逆転によって、それを説明しうる。

第二に、支配を、もっぱら支配者となった個人の支配欲や有能性に還元して説明する主観主義への批判。このような立場は、誰が支配者の役割を入手するかを説明できるとしても、その前提としての支配者の役割そのものの存立の機制を、扇型関係モデルのような一般性をもって説明できない。

第三に、協働連関の「統率者」であるからこそ「支配者」ともなりうる、という支配者の両義性の把握の主張。支配者の自己主張の動機は二重である。支配者は依然として中央統率者という規定を自己の契機として内包しており、組織全体の維持のために貢献する。と同時に、支配者としては支配の維持に努力する。この支配者の両義性が、一方で支配者の自負意識を生み、他方で被支配者の支配者に対する両価的《アンビヴァレント》な評価（尊敬と反発等）を生み出す。この支配者の両義性の把握ができないと、支配者は、単なる支配欲のかたまりや制裁の発動者へと矮小化されるか、あるいは逆に協働の中心を担う統率者の契機のみが抽象されて美化されてしまい、いずれにせよ一面化される。

2　媒介に対する統禦の諸方法の空洞化

以上の論理によって支配が存立する過程においては、仮に集団の存続のための諸媒介を被統率者たちが統禦しようとする次の①②③のような諸方法が講じられていたとしても、それは以下に見るような論理によって空洞化し、媒介をめぐる主体性連関の逆転（支配の存立）を防止する決め手とはならなくなる。

①まず、主要な媒介としての中央統率者に対する統禦の空洞化について。中央統率者を統禦する方法としては、第一に選任における「民主主義的自首制」（中央統率者は組織の成員内部より、全成員の平等な選挙権と被選挙権によって選ばれる）があり、第二に大局的意思決定についての「総会の決議」（重

要問題に関しては、全成員が平等な決定権をもって参加する総会の決議が、中央統率者の個人の意思よりも優先される）がある。

けれども、民主主義的自首制は次のようにして空洞化する。勝算をもって立候補しうるのは、威光や有能性や集票機関を備えうる少数の有力候補者のみである。ところが最もたやすく有力候補者となりうるのは、すでに中央統率者や中間統率者の役割を担ってきた成員である。彼らは協働連関の中心に位置してきたゆえに、威光や尊敬を入手しうるし、自分の選任のための集票機関を容易に形成しうる。また統率能力上の有能性についても役割遂行を通じて習熟するとともに、それを他の成員に呈示しうる。選任は一般成員一人一人にとっては、実質的にはこのような有力候補者となりうる少数の成員（その多くはすでに中央統率者や中間統率者であった者）の間の誰を選択するのか、という問題になってしまう。

選択肢の限定に加えて、投票過程における一般成員の意思表示における集列性（選任は形式的には一人一人の成員の相互に独立した意思表示に基づいて行われる）が、彼らの受動性を決定づける。集列的に相互に分離している一人一人の成員には選任の力はない。選任において、独立し分散している一般成員を一つの意思表示へと動員し、集計結果としての「多数者の意志」を実質的に形成する主体は、有力候補者と彼の統率する集票機関に他ならない。

また「総会の決議」という方法も、次のようにして空洞化する。大規模な組織になるほど、全成員の集まる総会は多大の労力と費用を必要とするようになるので、より間歇的にしか開きえなくなるし、総会で審議される問題の扱い方も、問題量が処理不能なほどに膨大化することを防ぐために、問題の質の具体性を減じなければならない。これらの理由により、総会における決議は、単に一般的な運営方針を示す抽象性と形式性の高いものになってしまう。その裏面として、総会の決議の枠の中で中央統率者に許容される自由裁量の範囲は、拡大せざるをえない。また成員の数が増大するほど、決議案作成という準備作業をするための少数の代表者が必要とされるようになる。しかも、的確な決議案を準備するために必要な情報の集積があることと、自己の作った決議案への賛同を集める集票能力があることという二つの理由によって、実際に可決されうるような有力な決議案を準備する少数の代表者は、中央統率者（及びその周辺の中間統率者）へと限定されていく。そして中央統率者の選任の場合と対応的《パラレル》な論理によって、総会の決議のための投票も、事前に準備された抽象的決議案に対し被統率者たちが動員された同意を表明する過程へと空洞化してしまう。

　以上の理由で、たとえ形式的には投票の多数決によって中央統率者が選任され、総会の決議によって大局的方針が中央統率者に授けられたとしても、もはやそれは、多数者の意思のもとに中央統率者が統禦されていることを意味しない。多数者の支持の表明は、中央統率者とその行為を正当づける根拠になるにすぎず、その主要機能は支配への同意の調達へと変質してしまう。このような統率者に対する統禦の空洞化は、例えばR・ミヒェルスが政党組織に即して実証したところのものである[12]。

②媒介としての規範に対する統禦の空洞化について。媒介としての規範を全成員の統禦の下におく方法としては、「自律的協約」（組織内部で全成員の同意によって規範を形成する）という方法がある。け

れども大規模な組織になるほど、規範形成過程に全成員が直接的に関与することは困難になり、「規範草案」の準備をする少数の代表者が必要となる。しかも（①で見た総会の決議案作成の場合と同様に）、的確な規範草案を準備するために必要な情報の集積の有無と、自己の作った草案への賛同を集める集票能力の有無という二つの理由によって、実際に制定されうる有力な規範草案を準備する少数の代表者は、中央統率者（及びその周辺の中間統率者）へと限定されていく。そして、全成員の参加する草案審議過程は、せいぜい微修正を行うのみでむしろ同意調達過程へと変質してしまい、決定のための投票も被統率者たちが受動的に同意を表明する過程へと空洞化してしまう。規範は、成員の多数の同意した「協約」という形式をとったとしても、実質的には「授与」されたものとなってしまう。

　規範の制定過程のみならず運用過程（すなわち制裁発動）も、それを専門的に担う部局が登場することによって、一般成員の手を離れる。規範運用の専門部局の出現も、当初は他の諸部局の専門分化と同様に、単なる効率化の必要から出発する。けれども、規範運用の専門部局は支配者へと転化した中央統率者の下に置かれる時、その性格を変容する。すなわちそれは、「強制幹部」に率いられた「強制装置」として、個々の被統率者によっては統禦できないものとして存立する。被支配者（被統率者）たちは、規範運用の中心主体である強制装置の意思決定を、事後的・受動的に承認ないし傍観するようになる。

　③媒介としての用具に対する統禦の空洞化について。成員間に支配が存立するのを防止するような、媒介としての用具の統禦の方法は、全成員の共有である。ところが所有権の内容を一歩掘り下げ

て、それを「用具に対する使用権、収益権、処分権の集合」と捉えるならば、形式的な共有という原則ではなく、協働連関の個々の局面において誰がこれらの諸権利についての実質的な意思決定を行っているか、が問題とされるべきである。「用具の共有」の原則的意味は、そのつどの用具の使用・収益・処分に関して最終的な意思決定権を持つ主体は組織であって、各役割を担う成員は組織全体の意思の委託の範囲で使用・収益・処分を行う、ということである。ところが組織全体の意思決定の中心は、この場合にも他の場合と同様に、中央統率者（支配者）である。たとえ用具が全成員に共有されていて、中央統率者個人に所有権はなかったとしても、所有の内実をなす個別の使用・収益・処分の決定と実行にあたっては、中央統率者（支配者）の指示が優越することになる。

なるほど、一部成員のみによる用具の私的所有という形態に比べれば、共有という形態はそれ自身が積極的に支配関係を存立せしめる要因ではないけれども、組織において支配関係が存立してくる場合には、共有原則はその決定的歯止めとなるわけではない。例えば生産手段の私的所有の廃止がただちに組織内の疎外を消滅させるわけではないのは、以上の論理が働いているからである。媒介としての用具が、このように被統率者（被支配者）によっては統禦できないものになる可能性は、用具の性質が全体としての不可分性や一体性を持ち巨大で高価であるほど、増大する。

④以上の①②③は、仮に三種の媒介を全成員の統禦の下におこうとする試みがなされているとしても、支配が存立してくる過程においてはそれらがどのように空洞化するか、を示したものであった。ましてて、諸媒介に対するこのような統禦の試みが欠如し、諸媒介をめぐる各成員の主体性が当初から

不平等であるような、経験的に存在する多くの組織においては、支配はより容易に存立しうる。例えば、統率者が組織の外部主体によって他首的（heterokephale）に選ばれたり、組織内の一部の成員のみによって選任されること。統率者を統禦するための総会の決議が欠如していること。規範の制定と運用が組織外の主体によって他律的（heteronom）になされたり、組織内の一部の成員によって独占されていること。用具に対して一人もしくは少数の成員のみが私的所有権を持っていること、等々。これらの諸条件が存在し、当初から諸媒介をめぐる成員間の主体性に格差があればあるほど、支配はより容易に存立する。

３　役割構造の対象的《オブジェクティヴ》＝客観的な自存化——物象化の第二契機

物象化の第二契機は、一般的に言えば、図１—２に示すように、協働連関の存在論的二肢性の間に優劣関係が存立することである。組織に即せば、物象化の第二契機は、「役割分化集団」の水準以来、人格に言わば帯電しつつ出現していた諸々の役割が、支配の存立に伴いその存在性格を変容させて社会的事実へと転化し、各個人を超越する対象的《オブジェクティヴ》＝客観的な役割構造として存立することである。

①協働連関の三種の媒介に対する統禦が空洞化するという前項で見た諸過程は、個々の成員にとっては、諸媒介が自分一人の主体性によっては左右できないものとして対象的《オブジェクティヴ》＝客観的に自存化することを意味する。すなわち、媒介としての中央統率者は、被統率者（被支配者）一人一人にとってはもはや統禦できない支配者として存立している。媒介としての規範は、極限的には個々の役割期待が客

観的に成文化されるという形をとって、また強制装置によって担保されたものとして、成員一人一人にとっては対象的《オブジェクティヴ》＝客観的に自存化する。また媒介としての用具についても、組織全体が用具の使用・収益・処分について意思決定を行う際の実質的中心主体は支配者であるから、各被統率者にとって用具は自由に統禦できるものではなくなる。

②以上のような諸媒介の対象的《オブジェクティヴ》＝客観的な自存化は役割期待の性格を変容させる。支配の存立する以前の状態においては、役割期待は、協働を円滑に行うために不可欠な諸成員の主体性の特定の限界のしかたという意味での「要件」(requisite)として存在していた。個々の役割期待の内容を規定する要件としては、組織全体の役割分化のあり方の骨格を規定する「機能要件」、複数主体間の協働を可能にするための関係性の原理としての「扇型関係という要件」、用具の円滑な使用に際して必要な「技術的要件」等があった。

けれども諸媒介の自存化は、「要件」としての役割期待を、受動性と緊急性の付加によって、「要請」(exigency)としての役割期待に変えてしまう。「要件」としての役割期待が「要請」としての役割期待に転化したとしても、外面的に観察される限り個々の役割の内容は変わらないように見える。けれども当事者の内面から見る限り、「要請」としての役割期待は、支配者によって指令されたもの、制裁ゆえに放棄や逸脱ができないもの、自分の意思によって変更できないものとして、つまり緊急性に満ち、自己に受動性を課するものとして現われる。それは、要件としての役割期待とは、その存在性格を異にする。

とりわけ、あらゆる役割が効率化の観点から目的合理的に配列される組織水準においては、役割期待は、各人が直接的に対面する他者のみに由来して指しむけられてくるのではない。組織においては、協働連関総体にとっての必要性という対象的《オブジェクティヴ》＝客観的な根拠から、役割期待の内容が規定されてくる。

③このように複合組織において、役割期待が対象的《オブジェクティヴ》＝客観的な「要請」へと転化することは、役割の存在性格を変容させる（図1―2参照）。すなわちそれ以前においては、具身《レアール》の諸個人の定型的行為（A）にいわば帯電する「以上の或るもの」（E）として、原初的に出現していた役割が、主体性連関の逆転と役割期待の要請への転化に伴い、諸個人に対して、具身の諸個人のそのつどの行為には還元できないものとして、すなわち対象的《オブジェクティヴ》＝客観的な独自の存在性を持つものとして自存化し、逆に当の諸個人を外在的に拘束するに至るのである（E⊃A）。諸個人の織りなす役割関係は、支配者・幹部・被支配者という形で序列づけられ、かつ各個人に対して外在性・拘束性・定型性をもった社会的事実として存立し、そういう意味での「地位＝役割構造」となる。もはや役割とは、そのつどの諸個人の行為に帯電する「以上の或るもの」としてあるのではなく、それゆえ諸個人の自発性や創意によってそのつど改変され修正されるものとしてあるのではなく、逆に諸個人に対して先在するものとして、役割取得によって諸個人が引き受けるべきものとして存立する。

役割構造の対象的《オブジェクティヴ》＝客観的な自存化は、組織内に次の④から⑨のような諸帰結・諸変容をもたらす。

④各個人が他の成員に対して抱くとともに、他の成員からも「要請」として指しむけられてくる役割期待は、代表的には成文化という形で自存化している役割期待体系（すなわち自存化した媒介として

の規範）の、諸個人の主観における具現化にしかすぎないものとなる（受肉 incarnation としての役割期待）。

⑤媒介としての用具について言えば、用具の体系それ自身が個々の成員よりも協働連関の契機として主導的なものとなり、個々の役割の内容の大枠を決定してしまう。逆に各個人の主体的な役割の創造や改変の努力は従属的なものとなってしまう（極限的な例、コンビナートの巨大装置やベルトコンベア組立ライン）。

⑥また諸個人の行為の存在性格も、対象的＝客観的に自存化している地位＝役割構造の具現化へと変容する。つまりそれは社会的事実の持つ法則性・構造性の中の「一分子」へと変容する。この行為の存在性格の変容は、諸個人が文字どおりの意味で「一切の主体性を喪失した」とか、「自由な意思決定ができなくなった」とかに解されてはならない。一人一人は「私的には自由な」行為主体であり続ける。しかし行為が、第一に、成員の参加動機の集列性とその帰結としての支配者に対する統禦に関しての意思の集列性を条件にして「私的に自由に」なされ、第二に、要請として指し向けられてくる役割期待に沿うものとしてなされる限り、それは各瞬間ごとに、物象化して存立する支配＝役割構造を、各役割において具現化するものにほかならない。各主体の行為は、主体性の発揮のさなかでの主体性の空洞化、自由な意思決定のさなかでの自由の形骸化として存在する（サルトルの言う実践＝過程）。

⑦外面的に観察される協働目標と、内面的な諸個人の参加動機は直結しなくなる。要請としての役割を遂行している限り、諸個人の行為は外面的に観察すれば、組織の目標に向って整合化されたもの

として見える。けれども各人は、自分の力では統禦も透視もできない物象化した役割構造の一部分へ、自分の欲求充足への便宜という私的な利害関心から参加するのであって、各人の抱く内面的意味付与については整合性があるとは言えなくなる。

⑧役割構造との対比によって、成員の行為に関しては逸脱行為が明晰に定義できるようになり、成員の存在に関しては成員の人数が「人材」の過不足の問題として規制されるようになる。

⑨社会を構成する諸主体の存立水準の差異という点から見れば、役割構造の自存化とともに、一方で組織は、諸個人の主体性を超越する高次の主体、いわば大文字の主体として存立する。他方で各個人は社会的事実としての組織に包摂され、組織に対して主体性の隔絶を経験する低次の主体、いわば半主体になってしまう。

⑩以上の説明は理論的には、役割の存在性格の二つの水準の差異を区別すべきことを主張するものである。すなわち、協働連関の存在論的二肢性（AとE）の間に優劣関係が出現せず、役割がいわば人格に帯電しているにすぎない水準と、存在論的二肢性の間に優劣関係が存立し、役割構造が具身の各個人に対して対象的＝客観的《オブジェクティヴ》に自存化した水準（E⊃A）との区別である。このような「役割の物象化」という主題の欠落が、従来の社会学の役割理論の混乱の一因をなしてきたように思われる。

⑪以上においては、物象化の第二契機としての役割構造の対象的＝客観的《オブジェクティヴ》な自存化は、物象化の第一契機としての支配の存立から導出された。ところがさらに、役割構造の自存化ゆえに、支配の存立も強化されるという逆規定の論理も働く。第一に、自存化した役割構造は、一部の成員が既存の媒介

者（支配者）の役割を無視し、それとは別なところに新たな媒介者を作ろうとしても、そのような努力を困難化する。第二に、支配者や幹部の一時的な欠如や一部の被支配者の反抗や逸脱があったとしても、自存化した役割構造の大部分は作動し続けるから、それらによっては支配は揺がなくなる。第三に、制裁の発動が自存化した役割構造としての強制装置によって担われるゆえ、強固かつ確実になされ、それによって支配を堅固にする。そしてさらに、役割構造の対象的《オブジェクティヴ》＝客観的な自存化が極度に昂進した場合には、それは、その頂点に立つ支配者に対しても社会的事実として立ち現われ、支配者ですらも意のままにそれを改変することはできなくなる（例、トップの意欲によっても打破しがたい官僚制の硬直化）。

結び

以上の存立構造論の理論的意義を総括しておこう。

第一に、「組織における疎外」をその生成の根本において把握するための基礎概念（主体性・集列性・媒介）と論理（扇型関係への諸規定の重層的付加、物象化の第一契機と第二契機）の構築。言いかえれば、「組織における疎外」の問題を扱う社会学の他のアプローチ（人間関係論《ヒューマンリレーション》等）は、存立構造論と結びつけてこそ問題の矮小化や幻想的解釈に陥ることを免れるであろう。

第二に、協働連関の両義的な存在性格（主体的行為でもあり対象的《オブジェクティヴ》＝客観的な社会的事実でもあるということ）の関係の解明。このことを説明する鍵は、物象化した組織の中で各成員が要請としての役割期待に一義的に従って行為せざるをえない、ということであった。

第三に、組織についての法則構造論的アプローチと主体中心的アプローチとを接続するような、両者にとっての共通の出発点としての物象化の提示。組織の物象化は、一方で対象的《オブジェクティヴ》＝客観的な法則性・構造性の出現を基礎づけ、他方で、特定の行為原則によって定義されるさまざまな「社会的主体」の論定を可能にする。

第四に、Ａ・Ｗ・グールドナーらによる構造―機能主義の射程の限界の批判を、単にイデオロギー的批判にとどめずに、社会学の論理内在的に推進することは、このような存立構造論の問題のたて方や諸概念や論理によってこそ可能となろう。

最後に、本章の存立構造論としての限界は、現実の組織が国家権力による支配の磁場の中におかれているにもかかわらず、本章がそれに触れていない点にある。このことの厳密な追究は「国家の存立構造論」の解明をふまえてこそ可能となるが、それは、本章で駆使した論理と対応的な論理によって、なされうるであろう。

注

1　本章で「価値」とは、主体の欲求を充足する客体の性能のことを言う。

2　存立構造論の問題のたて方と基本論理については、真木悠介『現代社会の存立構造』（一九七七年、筑摩書房）の第Ⅰ部「現代社会の存立構造――物象化・物神化・自己疎外」が、必読。本章は真木氏の雄大な構想を組織形態領域の端緒部分において展開する試みとして、位置づけうる。また本章は、真木氏による口頭での教示にも多くを負っている。物象化の第二契機については、廣松渉（1972：21-28,104-118）を参照。

3 廣松渉（1972：21-28）

4 この点については例えば、G・ジンメル（1972：51-75）を参照。

5 J・P・サルトル（1962：16 以下）を参照。

6 一般に機能要件の設定は多様な試みがなされてよい。本章のそれもその一つであり、他のセットの機能要件（例、T・パーソンズのAGIL）の設定を否定するものではない。

7 真木悠介（1977：62-69）。なお経済形態領域の存立構造論はマルクスの『資本論』で追究されたが、真木氏によって再構成がなされている。真木悠介、同書、第Ⅱ部「疎外と内化の基礎理論――支配の論理と物象化の論理」。

8 技術的要件とは、用具の適切な使用のために守らなければならない条件（例、力の入れ方、タイミングのとり方等）のことである。

9 「単位組織」及び次の「複合組織」概念は、C・I・バーナード（1968：109-116）の発想を継承している。

10 「全員交流型」及び「個別結合型」の概念は、R・リッカート（1964：143-148）の発想を継承している。

11 P・M・ブラウ（1974：80-105）を参照。

12 R・ミヒェルス（1973/1974）を参照。

第二章　協働連関の両義性 ―経営システムと支配システム

第一節　「協働関連の両義性」とは何か

現代社会にはさまざまな解決すべき社会的な諸問題が山積しているとは、多くの人の指摘するところであるが、それらの諸問題をその複雑さと解決の困難さに即してとらえようとする時、どのような理論的視角が必要であり、有効であろうか。

例えば、金融危機や不況や財政危機の克服というマクロ的な経済政策問題。各種の構造不況業種をどうすべきか、雇用をいかに確保すべきか、成長産業をいかに育成すべきかという産業構造改革問題や雇用問題。空港、鉄道、発電所、コンビナート等の建設をめぐる大規模開発問題。各種の公害、自然破壊、温暖化、砂漠化などのさまざまな環境問題。各地域経済の消長と、それに連動しての過疎問題、過密問題、地域格差問題。あるいは企業組織における技術革新、合理化、組織再編成等の問題、そしてこれらに関連して職業病や労働災害や各種の公害の問題。またこれらの社会変動や構造的緊張が家族やコミュニティを変容させることに伴う、さまざまな人びとにとっての生活悪化問題。とりわけ、高齢者、女性、身障者等の弱者にとっての差別や生活苦の問題。また、年金、医療、介護などのニーズをどのように長期的に充足し続けるのかという問題。あるいは学歴社会の中での教育体系全体への「受験圧力」問題や、これに関連しての青年世代におけるアイデンティティの危機や「意味問題」の深刻化等々、われわれは現代社会における社会的な諸問題を提示するのに事欠かない。

これらは無数にある解決すべき諸問題の一端であるが、そのどの一つをとってみても、問題発生メカニズムと解決の困難さにはそれぞれの問題に固有の特徴と複雑さがあり、それゆえその具体的水準での解明は、それぞれの問題の個性に応じてなされねばならない。だが、これらの現象的にはきわめて多様な諸問題の分析に際して、基本的な視座のとり方の水準において、広く共通に有効であるような理論枠組みはないものであろうか。

この課題は、現代社会の骨格的な社会構造をどのように把握すべきかという課題と、表裏をなすものである。これらの諸問題の発生は現代の社会構造に根拠を持っている以上、諸問題の分析は社会構造の把握に基礎づけられねばならないし、逆に現代社会の特質は、これらのまさに現代的な諸問題の解明をとおして照明が与えられるであろう。

本章は、さまざまの社会的な諸問題に対して社会科学的にアプローチする際の、そして同時にまた現代社会を骨格的に把握するための基本的理論枠組みを、原理論としての存立構造論に依拠しながら、「協働連関の二重の意味での両義性」という視角から説明しようとする基礎理論の水準での試みである[1]。その際、総体としての社会システムを構成するさまざまなシステムのうち、さしあたり、主要には組織システムを対象とし、副次的には社会制御システム[2]にも言及する。

では、「協働連関」とは何であり、その「二重の意味での両義性」とは何であろうか。協働連関（独：Zusammenwirkung）とは、社会の中で人々が相互になんらかの関係をとり結びつつ行っている生産と消費の過程の総体のことであり、社会的に繰り広げられる行為の総体を指すものである。

協働連関とは狭い意味での「協働」、すなわち目的を共有している人々が協力してその目的を達成することと、同義ではない。協働連関はこのような意味での狭義の協働関係を含むと同時に、社会的な生産と消費の過程に含まれるさまざまな形態の交換関係や支配関係、さらには闘争関係をも含意している。

協働連関の一構成要素としての組織は、「経営システムと支配システム」という意味での両義性、および「対象的《オブジェクティヴ》＝客観的な組織構造と主体的《サブジェクティヴ》＝主観的な行為の集合」という意味での両義性という、二重に両義的な性格を持っている。

第一の意味の、経営システムと支配システムの両義性は、社会関係における協働の契機と支配の契機とを一般化しつつ捉えなおしたものである。組織を経営システムとして把握するということは、組織が、自己の存続のために達成し続けることが必要な経営課題群を、有限の資源を使って充足するにあたり、どのような構成原理や作動原理に基づいているのかという視点から、組織内の諸現象を捉えることである。他方、組織を支配システムとして把握するということは、組織が、政治システムおよ

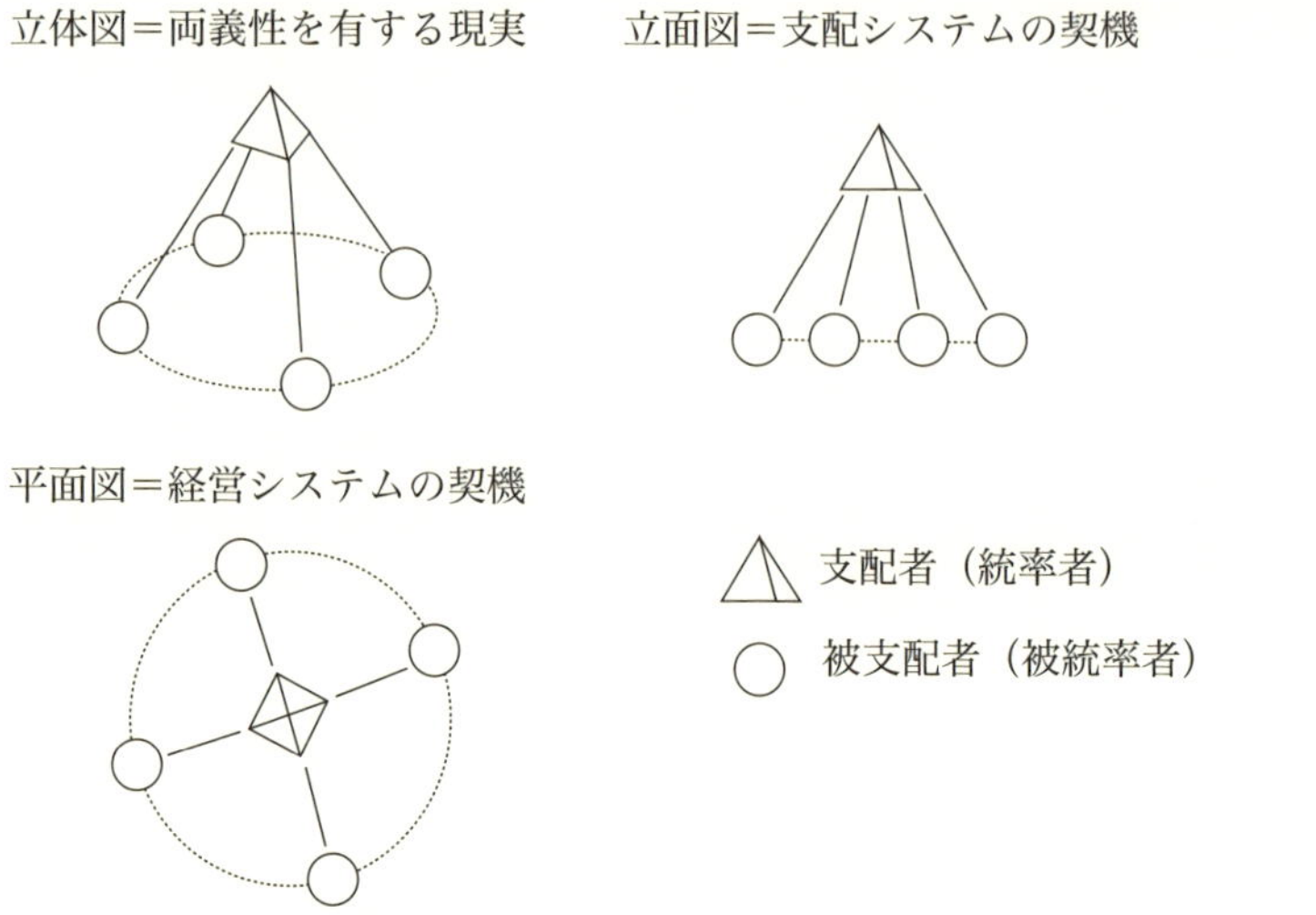

図 2-1　単位組織における「経営システムと支配システムの両義性」のイメージ

び閉鎖的受益圏の階層構造に関して、どのような構成原理や作動原理を持っているのかという観点から、組織内の諸現象を捉えることである。それぞれの観点から有意味な側面を現実から抽象することによって、経営システムと支配システムとが論定される。経営システムと支配システムとは、どのような組織を取り上げてみても、見いだすことのできる二つの契機なのであり、特定のある対象が経営システムであり、他の対象が支配システムであるというような実体的な区分ではない。経営システムと支配システムの最単純のイメージは、図2―1に示したようなものである。現実は立体図によって表されるピラミッド型の形をしているのに対して、平面図として描かれる側面が経営システムであり、立面図の側面に対応するのが支配システムである。

経営システムと支配システムとは、（本章の第二節、第三節で見るように）それぞれ固有の作動原理と個別事象に対する意味付与の文脈をもち、相互に他方に還元できない。組織内の諸事象は、経営システムと支配システムという二つの文脈において、それぞれ独自の意味や問題の広がりをもっているのであり、このどちらの契機に注目するかによって、同一の事象がまったく異なる姿をもってたち現れる。と同時に、両システムは相互に無関係なものではなく、（第四節で見るように）相互に他方の具体的あり方によって深く規定され、かつ規定しあっている。

さきに例示した社会的な諸問題は、経営システムの文脈でも困難な問題でありつつ、支配システムの文脈でも深刻な問題であり、それらの二つの文脈が錯綜しているところにこれらの問題の現代的特質と複雑さがあるのである。

次に、協働連関としての組織の第二の意味での両義性、すなわち、対象的＝客観的組織構造という性格と主体的＝主観的行為の集合という性格は、何を意味するのであろうか。社会や組織が構造という性格をもつということは、社会や組織が定型性と物象性を備えているという意味で対象的＝客観的な存在であり、その構成原理や作動原理は独自の法則性を示し、要素たる諸個人の特性に還元できない創発的特性をもっていることを意味する。ちょうど地球の運動のしかたが、地球自体の性質だけによっては説明できず、太陽系という物理学的システムのもつ固有の構成原理と運動法則の中ではじめて説明されうるように、個々の組織内の事象は、それを包摂している組織構造との関係において捉えることによって、よりよく説明されうるのである。

表 2-1　協動連関の二重の両義性を把握するための４つの局面

	経営システム	支配システム
主体的《サブジェクティヴ》＝主観的な行為の集合	経営システム内の主体の行為	支配システム内の主体の行為
対象的《オブジェクティヴ》＝客観的な組織構造（制度構造・社会構造）	経営システムの構造と作動	支配システムの構造と作動

他方、同時に、組織や社会は構造を有するといっても、それは主体的＝主観的な行為の集合から形成されているのであり、その作動過程のあらゆる部分に、要素たる諸個人の意志や欲求や利害関心が一瞬ごとに介入している。本章ではこのように一定の組織構造や社会構造の中で主体的＝主観的行為が展開されている状態に注目し、そのような構造と行為の両義性を捉える言葉としてシステムという語を使う。すなわち、社会システムや組織システムは構造と行為の両義性を有し、その作動にたえず主体性の介入を伴うという点で単なる「物理学的システム」や「生理学的システム」とは根本的に異なっている。

社会的現実の把握にあたっては、一つの観点のみに凝固しない多様なパースペクティブが必要であるとはよく言われることであるが、この「経営システムと支配システム」および「対象的＝客観的な組織構造と主体的＝主観的な行為の集合」という複眼的視角を、交差させつつ併用することこそ、さまざまな組織現象と組織における諸問題の発生過程の解明に対して、有効な視座を提供するように思われる。表2－1は、このような考えに基づいた時に可能になる「現実の把握の仕方」の四つの局面を示したものである。

以下の本章においては、この二重の意味での両義性のうち、主として経営システムと支配システムの両義性に注目し、それぞれの特徴と、組織内の諸問題を分析するためのそれぞれのシステムに即した鍵概念を考察して行くことを主要な課題としたい。そして、第二の意味の両義性、すなわち、「対象的＝客観的な組織構造と主体的＝主観的な行為の集合」という両義性については、副次的な論点として、補足的に取り上げることにしたい。

第二節　経営システムと経営問題

本節では、まず経営システムの基本的特徴とそこにおける鍵概念である「経営問題」について考察しよう[3]。

1　経営システムの二水準

本章がさしあたり注目するのは、さまざまな水準の経営システムのうち、組織の水準におけるものと社会制御システムの水準におけるものという二つの水準の経営システムである[4]。あらゆる組織は自己の目的を追求し、少くとも一定期間は自己を存続させようとしているから、それぞれ経営システムという性質をもっている。また社会制御システムの水準における経営システムとは、例えば「経済の景気循環の制御システム」、「年金制度」、「医療制度」、各種の「公共財の供給システム」のように、政府や自治体が中心になって、一定の目的群をたえず達成しようとして管理を行っているシステムを言う。これらをはじめとして、政府・自治体の担当している経営システムはその部局の数だけあると言ってよいほどの多数にのぼる。

組織水準の経営システムと社会制御システム水準の経営システムとは、いくつかの共通の特徴をもつが、それと同時に、それぞれ独自の性格をもつことに注意しなければならない。

2　経営課題

元来「経営」という言葉は、目的の継続的達成を意味しているように、「経営システム」とは、経営課題群の継続的充足をめざすような行為から形成されているシステムである。経営課題群とは、なんらかの経営システムにおいて、システムの存続のために、その充足が必要であるような課題群のことであるが、また、その充足の程度の高低によって、経営状態のよしあしが判断されるような基準という意味も持っている。

経営課題群の数は、観点のとり方によって可変的であり、どのような経営システムにおいても、抽象的な捉え方をすれば少数となるが、具体的に考えれば非常に多数を提出できる（図2―2を参照）。

企業組織に関して経営課題の例をあげると、製品の製造、商品の販売、研究開発、収支の管理としての経理、人事管理（給与の支払い、採用）等がある。労働組合にとっては、組合員数の維持や賃上げ

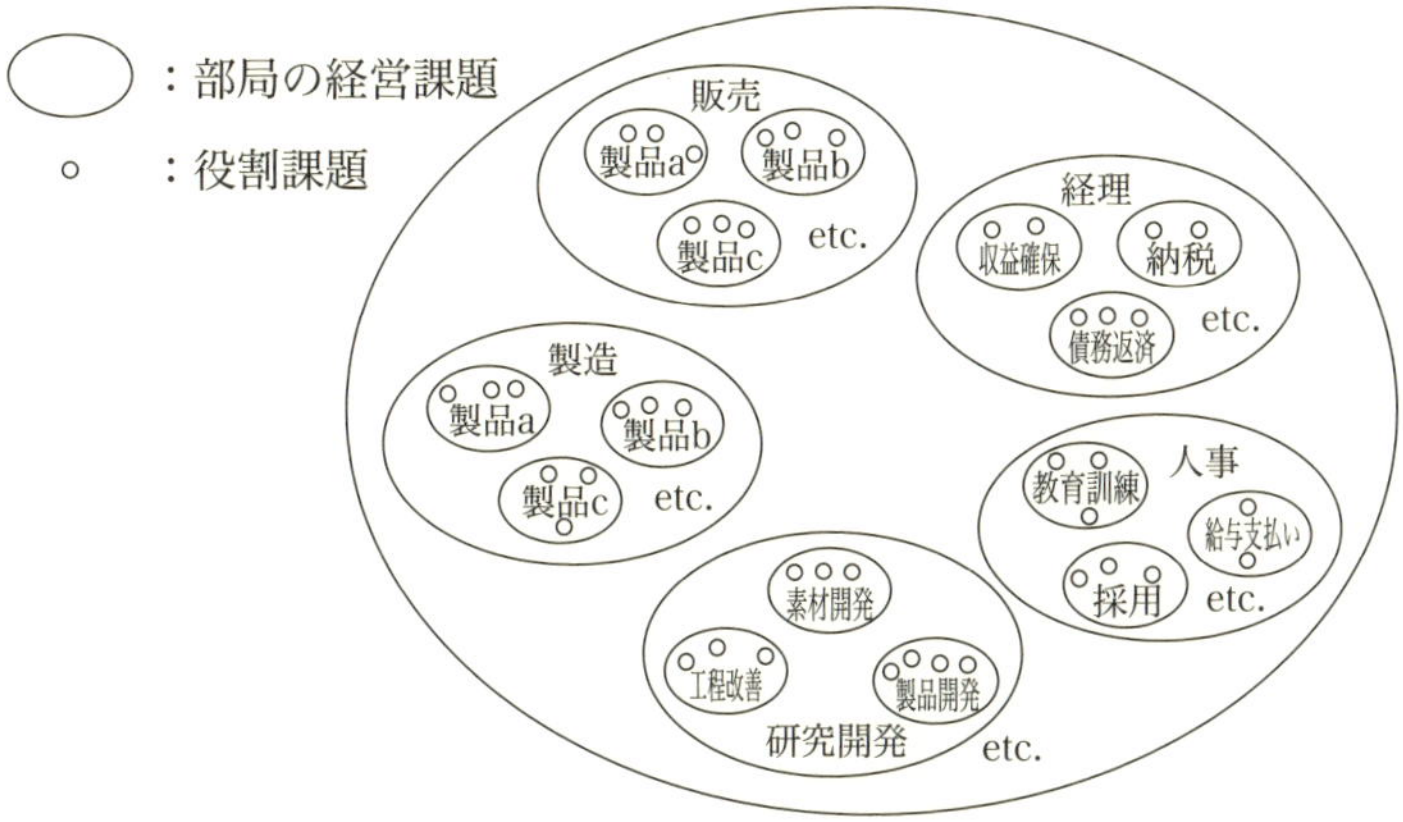

図 2-2　経営課題群の重層性（企業を事例として）

要求の獲得が、宗教組織にとっては信者の増大や諸々の宗教的行事の実施が、それぞれ経営課題の例である。

　政府行政組織の場合、経営課題の達成ということが、組織自体の経営課題達成という文脈と、社会制御システムにおける経営課題の達成という文脈とで、二重に問題になる。行政組織自体としては、さまざまな行政課題の達成、成員の確保、予算などの経済的手段の確保、等の経営課題の達成が問題になる。同時に、「行政課題の達成」ということは、行政組織が統率者の立場に立つ社会制御システムレベルの経営システムにおける経営課題の達成をも意味している。

　政府にとってのインフレや不況の防止、国際収支の均衡の維持は、そのような経営課題である。地方自治体にとっては、自分の地域に各種の公共財（上下水道、道路、公園、消防、ゴミ処理など）を供給することが経営課題の例である。

　一つの経営システムは、通常、複数の経営課題群をもつのであり、それらの同時達成が経営システムの存続に不可欠である。経営課題群の充足は、相互前提性あるいは相互依存性をもっている。例えば、企業において、製品の販売ができなければ、給与の支払いもできないし、次期のための原材料の確保もできない。人員や原材料が確保できなければ、製品の製造はおぼつかないし、販売もできなくなる。

これら複数の経営課題群は、経営システムに含まれる複数のサブシステム（部局）によってそれぞれ分担されている。例えば、企業組織は、それぞれの経営課題を持った製造部門、販売部門、経理部門、人事部門等のサブシステムに分かれているし、国家財政の経営にあたっては、財務省、国税庁、会計検査院がそれぞれ割りあてられた予算案の作成、税の徴収、財政支出の検査といった経営課題を果たすことが必要である。

3　経営課題のホメオスタシス的な充足

経営システムの作動の基本的な論理は、システム論の視角から見れば、これらの経営課題群のホメオスタシス的（恒常性維持的）な充足として捉えられる。ホメオスタシスの原義は、生理学において示されているように、一定のシステムが外部の環境の変動にもかかわらず、一群の変数を一定（範囲）の値に恒常的に維持し続けることであるが、経営システムの場合、つねに一定値以上に保持されねばならないのは、自らの経営課題群の達成水準である。

経営システムは、環境の変化や制約条件の悪化に抗して、自己の経営課題群の達成水準を一定値以

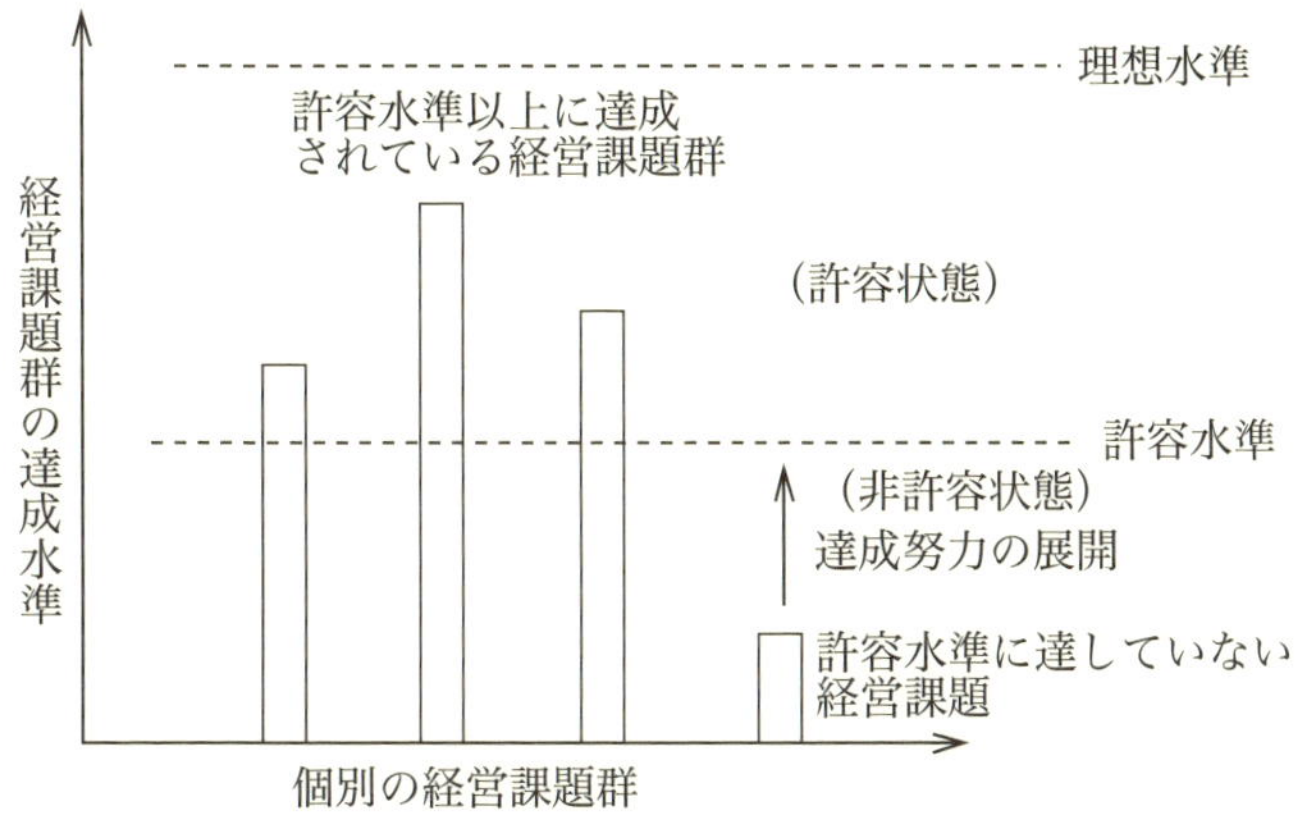

図 2-3　経営課題群のホメオスタシス的充足

上に保持すべく、絶えずいろいろの工夫や努力をし、自己の内部を改変している。例えば、国家財政システムが赤字になった場合、それを担当している財務省は、公債の発行や増税や財政支出削減といった工夫をすることによって、収支均衡という経営課題を達成しようとする。そして、ある経営システムにおいて、かりに一つの経営課題の達成が危うくなると、それを直接担当するサブシステムだけにまかせずに、システム全体がその達成を支援しようとする。売行き不振の企業において、販売部門の人員が他部門からの人員移動によって強化され、売上げ上昇が図られるのは、その一例である（図２—３を参照）。

4　扇型関係

この経営課題群の継続的な充足過程は、それを担う主体の側から見れば、扇型関係として捉えられる。扇型関係とは、すでに存立構造論の立論の過程で示してきたように、一人の統率者と複数の被統率者とから構成される

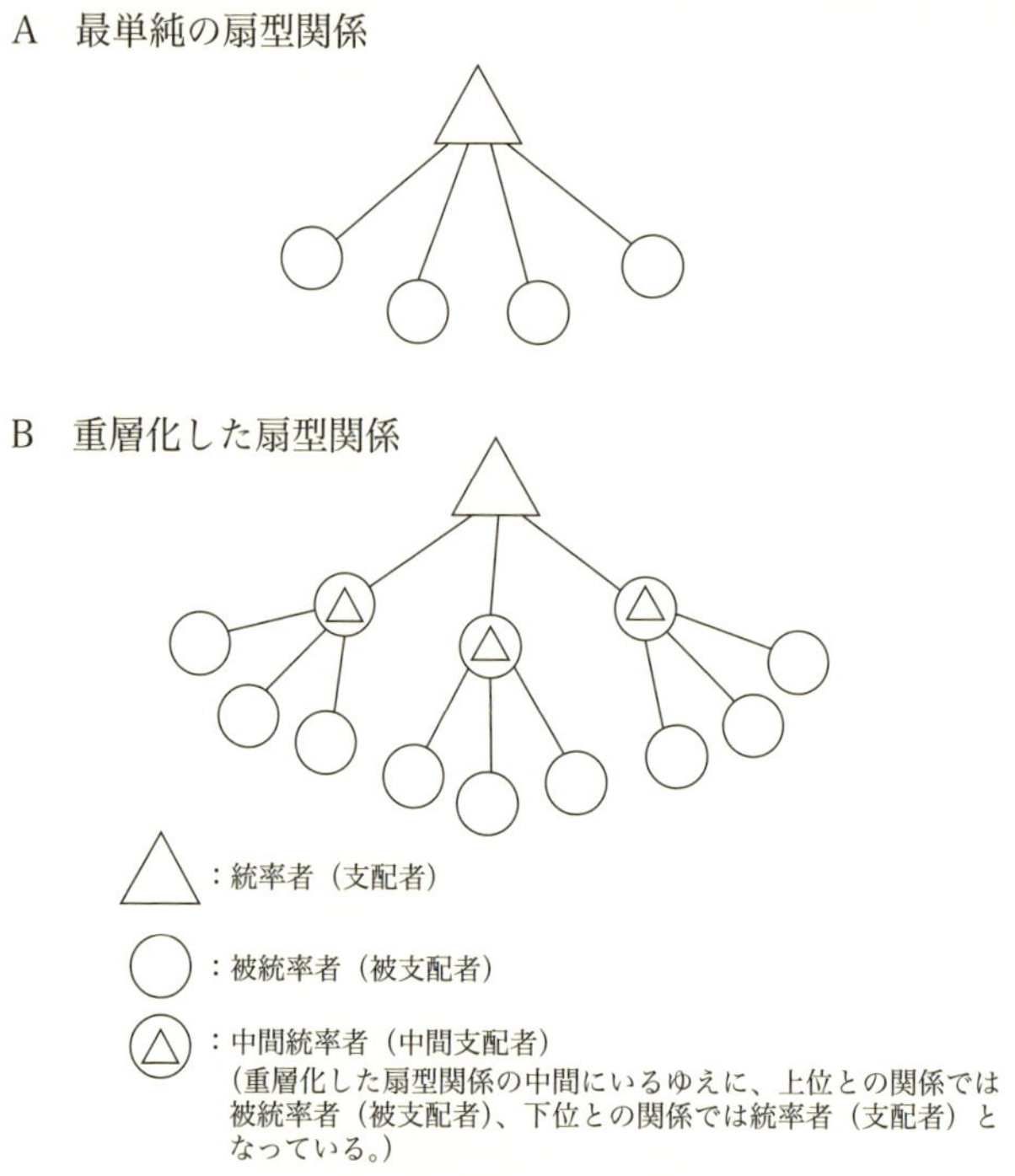

図 2-4　扇型関係（セクター）

関係であり、その最単純のイメージは、図2—4Aによって示される。統率者はいわば扇のカナメであり、複数の被統率者に指示を与え、彼らの意志と行為を整合化し、連結する主体である。被統率者とは、統率者の指示に従って（あるいは指示の限定する範囲内で）行為する経営システム内の他のすべての構成員である。

この「統率者」と「被統率者」とは、すでに存立構造論の論理展開の中で、「媒介をめぐる主体性連関の逆転」が生起しない以前の論理的段階で提出された概念である。この両概念は、扇型関係を協働関係に即して把握した場合に定義される概念であるから、「協働連関の両義性論」の文脈においても、経営システムの文脈における主体を表す基礎概念として、組織の水準でも社会制御システムの水準でも使用することが可能である。

組織における扇型関係は、図2－4Bの示すように、重層化することにより、全成員の行為が、最上層の統率者の指示のもとに整合化されることであり、しかもその際、各個人のなすべき行為が、統率者〜被統率者の重層関係を通じて積極的に指示されることである。

ここで、中間統率者（中間支配者）のことを「幹部」と言うことにしよう。

社会制御システムの水準における扇型関係の特徴は、政府・自治体といった各級の公的機関が統率者となり、社会内の他の諸主体が被統率者となっていることである。この公的機関の行う統率は、原初的な性質としては消極的なものであり、組織水準におけるように行為の細目を指示するという積極的なものではなく、被統率者にとって行為の制約条件や前提条件となるような一般的な規範を定めたり、深刻な紛争を調停したりすることである。

5　経営問題

では、経営システムの文脈で、組織内に生起する諸問題を捉える際の概念は何であろうか。それは第一に「経営問題」であり、第二に、その特殊な形としての「被圧迫問題」である。

経営問題とは、なんらかの経営システムにおいて、さまざまな制約条件や困難に抗しつつ、有限な資源を使って、いかにして最適な経営方法を発見し、すべての経営課題群をより高度に充足し、経営システムの存続と発展を実現するかという問題である。

例えば、企業において、いかにして収益率を低下させることなしに、給与水準を上昇させるかという問題、また政府の経済政策において、いかにしてインフレをおこすことなしに失業率を低下させるかという問題、自治体において、いかにして財政の健全性を維持しながら、住民への福祉サービスの水準を向上させるかという問題、これらは経営問題である。

経営課題と経営問題とは、言葉は似ているけれども、異なるものである。一つの経営問題においては、通例、複数の経営課題群をいかにして同時達成したらいいかということが、問題化している。

経営問題の解決は、一般にその帰結として、その経営システムの内部にいる人々の欲求やその経営システムの生み出す財・サービスを享受する人々の欲求をよりよく充足させたり、内部に包摂されているサブシステムの経営にとって好都合の前提条件を創出したりする。例えば、企業経営の善し悪しは従業員の給与面での欲求充足水準を左右するし、自治体財政の健全さは、地域住民の行政サービスへの要望をよりよく充足することを可能にする。

6　経営問題解決の困難さ

経営問題の解決過程は、基本的には技術的、手段発見的な性質のものであるけれども、それはけっして苦労のない円滑な過程というわけではなく、多くの困難を伴うものである。

経営問題の困難さの第一の根拠は、ともに充足が必要な複数の経営課題の間の択一的競合（トレードオフ）という事態である。その例としては、経済運営における不況の防止とインフレの防止のトレードオフとか、企業組織における効率性上昇と労働強度軽減のトレードオフとかがある。つまり、「あちら立てれば、こちら立たず」という状況であり、これをいかに両立させていくかが、経営問題の一つの難しさなのである。

経営問題の困難さの第二の根拠は、一つの経営問題の解決に関係する諸主体の意志を整合化するために多くの努力が必要なことである。一つの経営システムの中には複数のサブシステムがあるが、各被統率者は自分の所属しているサブシステムのつごうを重視することによって、「最適な経営」を実現するために、被統率者たちの意志と行為を整合化しなければならない。だがそのためには、統率者はたんなる技術的指示に加えて、各サブシステムの担う経営課題群の整合的な設定、資源の整合的配分、各サブシステム間の対立の調整を行わなければならず、その際、被統率者たち相互の意見の相違を克服するのに多大の努力と困難が伴うのである。

経営問題を困難なものにする第三の要因としては、資源の稀少性がある。どの経営課題の達成のためにもなんらかの資源（物的・金銭的資源、人材、時間など）が必要であるが、一つの経営システムにとって、必要な資源を継続的に確保することは、自動的に保障されているわけではなく、むしろ外的制約条件によって、しばしば脅かされるのである。またたとえ、総体としての資源を確保できたとしても、その量には一定の限界があるから、経営システム内部におけるさまざまな用途にどう割り当てるべきかということが、つねに難しい問題として残る。

経営問題の困難さを生む第四の要因としては、外部環境の不確実性および悪化がある。最適な経営方法の選択のためには、通例、将来の一定期間に対する予測が、その前提として、必要である。けれども、一般に、将来の外部環境がどう変化するかを完全に予測することはできない。また予測の当否にかかわらず、外部環境から課される制約条件が悪化することは、経営努力に対する障害を提出する。その例としては、輸出中心の企業にとって対外為替レートが上昇し、輸出が困難化したり、景気変動による市場の縮小により販売不振に陥るとかの場合がある。このような外的制約条件の悪化は、他の無数の主体の行為の集積された結果としてもたらされるものであるから、経営システムを担う主体がそれに対して直接に働きかけて阻止したり改善すること（例：為替レートの引き下げ）は、通常きわめて困難である。

7　被圧迫問題

この外的制約条件の悪化によってもたらされる困難な経営問題の中には、「被圧迫問題」と呼ぶべきものがある。

被圧迫問題とは、なんらかの経営システムにとっての外的制約条件が、自分より強大な経済的もしくは政治的な力を持つ主体の行為によって悪化し、その経営システムが経営困難や経営危機に陥ることである。自らの行為によって、他のなんらかの経営システムにとっての制約条件を悪化させ、被圧迫問題を引き起こしている主体を「圧迫発生源」と言おう。被圧迫問題の例としては、大資本の大型店進出による既存の小資本の商店街の経営困難化、下請け企業に対する親企業からの製品価格切下げ要求等があげられる。

被圧迫問題は経営システムの文脈で定義されるものであるが、そこには次節に見るような支配システムの文脈で定義される「被支配問題」と共通の特徴、すなわち受苦性と受動性とが浸透している。

第三節　支配システムと被格差・被排除・被支配問題

経営システムと並んで協働連関の両義性を構成しているもう一つの契機が「支配システム」である[5]。支配システムにおける主体を表す基礎概念は、「支配者」と「被支配者」である。両者の関係は、垂直的な扇型関係によってイメージすることができる。組織をピラミッド的なヒエラルヒーを持つものとして把握することは、支配システムの側面に注目しているという意味においては、正当である。

支配者とは、組織においてはその長をさす。この「支配者」と「被支配者」という概念は、あくまで分析的概念であって、実体的にはそれぞれ、経営システムの文脈でいう統率者と被統率者とにまったく重なっている。すなわち、企業の社長にせよ、労働組合の委員長にせよ、それぞれの組織において、経営システムの文脈で見れば統率者なのであり、支配システムの文脈で見れば支配者なのである。

支配システムを構成するのは、「政治システム」および「閉鎖的受益圏の階層構造」という二つの契機である。政治システムとは、集合的意志決定のあり方と秩序形成の文脈で定義されるものであり、閉鎖的受益圏の階層構造とは、人々の間での財の分配のなされ方の文脈で定義されるものであり、両者あいまって支配システムが形成されるのである。

1　政治システム

まず、「政治的行為」を、複数の主体が利害関係者として関与する場面において、複数の主体に対して拘束性を持つような「正当な意志決定」を行うにあたって、諸主体が自分にとって、より有利な決定権の分配とより有利な決定内容を得ようとして行う行為と定義しておこう。

政治システムとは、複数の主体の政治的行為の総体から形成されるシステムである。例えば、企業組織における労使交渉とか、政党組織における役員選挙であるとかは、政治システムの文脈で展開されている行為である。全体社会の水準では、国家権力の行使とそれに影響を与えようとする行為（国会の審議と決議、各種の公職選挙と政党活動、各種の圧力団体や大衆運動）は、政治システムを形成する行為である。政治システムの中でも、支配者と被支配者の関係からなるものを垂直的政治システムと言うことができる。

では政治システムにおいて、どのような利害関心が争われるのか。言いかえれば、集合的意志決定の焦点になるような主題はどのようなものだろうか。それは一言で言えば、「財の分配」と「権限の分配」という二つの問題である。

第一に、さまざまな消費《コンサマトリィ》＝享受的な財、あるいは手段的な財を、直接的あるいは間接的に、各役割間に、各部局間に、各個人間に、各下位集団間に、各階層間にどのように分配するべきかという問題がある。財の分配は、各役割や部局における役割遂行上の利害関心に即しても争われるし、具身の諸個人、諸集団、諸階層の欲求充足上の利害関心に即しても争われる。言いかえれば、財の分配問題とは、各役割や各部局の役割遂行上の利害関心と、各個人や各集団や各階層の欲求充足上の利害関心を、組織全体の経営課題へと転換する際、どのようなウエイトづけや優先順序をもって尊重すべきかという問題として存在する。

第二に、この財の分配は、組織内部や一定の社会制度内部における各主体（各役割、各部局、各集団など）の決定権限をどう分配するかということによって大きく規定されるから、決定権限の分配という主題が、政治システムにおける利害関心上の焦点となる。すなわち、各役割と各部局において、支配者（統率者）、幹部（中間統率者）、被支配者（被統率者）という諸主体が決定しうる事項や、発言しうる事項の範囲をどう定めるかという問題が存在する。支配者（統率者）層が決定権を独占すればするほど、政治システムはより独裁的あるいは集権的になり、逆に被支配者（被統率者）層に決定権や発言権がより多く確保されるほど、それはより民主的あるいは分権的となる。

政治システムにおいては、支配者の意志決定およびそれを反映した社会規範が、被支配者たちに許容される行為の枠を定めるのであるが、被支配者たちがその枠の中で行為している状態のことを「支配秩序」が存在する状態と言おう。支配秩序を確保する二つの要因は、「正当性信念の共有」と「支配者の持つ交換力」である。そして、政治システムの具体的、現象的なあり方は、この二つの要因がどのようなウエイトで組み合わさっているのかによって、実に多様な姿と大きな振幅を示すのである。

「正当性についての合意」とは、政治システムに関与する諸主体のあいだに、集合的意志決定に際しての決定権の所在や意志決定内容、交渉相手としての承認や交渉方法、決定の根拠となる理念や価値基準に関して、何が正当であるかについての合意があることを言う。

次に、「支配者の持つ交換力」とはどういうことか。ここで「交換力」とは、なんらかのプラスの財もしくはマイナスの財の与奪によって、自分の意志を相手に押しつける可能性のことである。この意味での交換力は支配者のみが持つわけではなく、他の主体もそれぞれ持ちうる。支配者は、支配秩序の維持のために、自分の持つ交換力を駆使する。

では、支配者の持つ交換力の源泉は何か。まず、常識的に思い浮かべられるのは、支配者個人の持つ能力や資質であろう。確かにカリスマ的支配に代表的に見られるように、個人としての能力や資質は、交換力の一契機である。だが、それは交換力の一部を説明するにすぎない。支配者の持つ交換力の一般的基盤は、少なくとも一定数の被支配者および幹部が、支配者の意志に従って行為することである。幹部および被支配者が、支配者の正当性を信じる「支持者」として、行為することが、支配者の交換力を基礎づける。強力な支配者とは支持者集団が強力であり、その正当性信念が確固としたような支配者である。

支配秩序を確保する「正当性信念の共有」と「支配者の持つ交換力」とは、相互に独立のものではなく、以上のような内的関連性がある。

支配者の有する交換力は支配秩序を作りだす鍵要因であるが、その実際の有効性は、被支配者側の有する交換力との相関によるのである。すなわち被支配者側は支配者に対して無力であるのではなく、さまざまな程度において交換力を保持しえるのであり、両階層間の力関係が、支配秩序の有無を規定するのである。階層間の力関係を大きく左右する要因として大切なのは、被支配者層の団結や連帯の程度である。被支配者層は個々バラバラのままでは大きな力を持てないけれども、例えばストライキに見られるように自らを組織することができれば、それによって支配者層に対して対抗できるようになる。

支配秩序の根拠として、「正当性信念の共有」と「支配者の有する交換力」という二つの要因がどのようなウエイトで組み合わさっているのかに注目するならば、図２—５が示すように、政治システムの四状相を、大きくは「忠誠・協調」「交渉」「対決」「抑圧・隷属」の四つに分けることができる。

支配システムにおける秩序のあり方を正当性信念に注目することによって、把握しようとすることは、マックス・ヴェーバー（1960/1962）以来、社会学においては、きわめて普及している発想である。「忠誠・協調」「交渉」「対決」「抑圧・隷属」の四状相とは、正当性信念が階層間あるいは主体間に、もっとも強く共有されているものから、全く共有されていない状態へ向かっての、四段階の変化を表している。

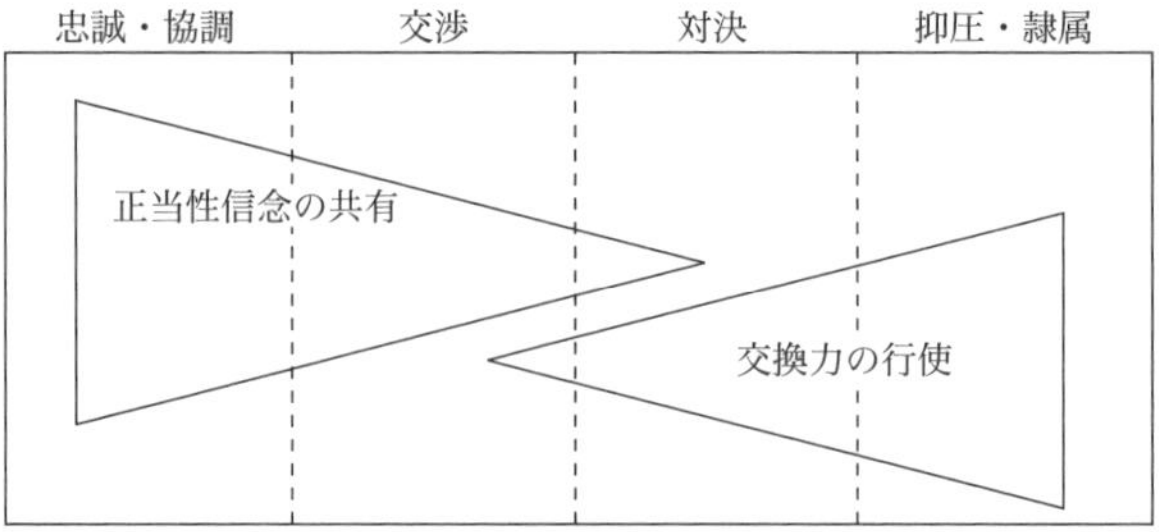

図 2-5　政治システムの四状相における秩序維持の要因

「忠誠・協調」（loyalty/cooperation）は、正当性についての合意が支配者と被支配者間に完全に存在するような状態であり、その例としては、成員の間で価値観と理念を共有しているような宗教組織や政党組織やサークル組織があげられる。ここでは、支配者と被支配者とは、いわば一身同体であるが、忠誠と協調の間には、次のようなニュアンスの差異がある。

忠誠とは、人間関係の垂直性を特徴としており、支配者の指示の正当性についての合意が極度に強い形で存在するゆえに被支配者はさまざまな負担や受苦も甘受するような姿勢を有する場合であり、被支配者から支配者に対する要求提出とか交渉とか、ましてや交換力の行使は問題にならない。

これに対して、協調においては、両者の関係は水平的であり、被支配者は支配者に対して意見を提出することが可能であり、被支配者の正当な利害関心を支配者が適切に満たしているという認識が被支配者側にあり、それが支配者に対する正当性信念の根拠になっているような状態である。

忠誠・協調状相においては、支配者は「指導者」であり被支配者は「同志」なのである。当事者は、「支配者」というカテゴリー自体を違和感のあるのものと感じるであろう。

「交渉」(negotiation)とは、被支配者の側が自らの利害要求の正当性を自覚した上で要求を提出し、支配者と被支配者の間での利害と意見の相違・対立が顕在化し、両者の間での利害調整が、主要には話合いによってなされる場合である。その例としては、ストライキといった実力行使の発動をほとんどせずに、話合いによって利害調整を実現しているような今日の日本における多くの労使関係があげられる。

交渉状相においては、言語による説得が意志貫徹の主要な手段となり、話合いの仕方について、双方に、かなりの程度の正当性についての合意が存在する。すなわち、交渉の仕方についての規則、交渉相手として相手を承認すること、要求提出をする権利自体を承認することについては同意が存在する。

「対決」(confrontation)とは、被支配者層が自らの利害要求の正当性を信じて要求を提出した時に、支配者層と被支配者層とが相互に他方を交渉相手として承認せざるをえないものの、利害対立が深刻なため、言葉による説得だけでは合意が形成できず、交換力行使を伴う闘争を通して、集合的意志決定が行われるような場合である。その例としては、労使紛争におけるストライキとロックアウトとか、公害発生源企業に抗議して被害住民が座り込み闘争をするような場合がある。

ここでも、言語を使っての交渉は行われる。また言語による宣伝は、周囲の世論を味方につけるためには、大きな役割を果たす。しかし言語による説得は、敵手の態度を変える決定的な武器にはならない。なんらかの「交換力」の行使により相手にとっての利害状況を操作し、それによって相手の態度の変化を作り出そうとする働きかけが行われる。交換力の行使は、必ずしも暴力行使を意味するわけではないが、場合によっては物理的衝突を伴う。ここでの論争に頻繁に見られる特色は、論争が平行線をたどることであり、さらに言語不通が生じることである。

「抑圧・隷属」状相（oppression/subordination）においては、被支配者の側が要求提出をしたり支配者を批判すること自体が、支配者からは不当なこととして抑圧の対象となる。植民地支配、奴隷制、人種差別、全体主義などに見られる支配形態である。ここでは支配者の側は、そのような秩序が「当たり前のこと」であるという「神話」を作りそれを吹き込むことによって、被支配者を教化しようとする。そのようにして被支配者の要求提出を禁止したような支配秩序が「自明」視され疑いや批判さえ起こらない状態が「隷属」である。他方、被支配者側が利害要求の正当性を自覚し、要求を提出しようとするに至った場合に、それを暴力的に禁止することが「抑圧」である。抑圧においては、支配者の不当性が被支配者の意識にのぼっている。抑圧も隷属も支配秩序は、究極的には暴力という形での「交換力」の行使によって担保されている。被支配者側の要求提出は、弾圧という犠牲を伴う。要求提出が公然と可能になるのは、被支配者の側の一斉の暴動、一揆、ストライキなどの形で支配秩序を揺るがすような流動化が生じるような場合に限られる。すなわち要求提出の場は、秩序を揺るがす非日常的集合行動が噴出した場合に、瞬間的な形でのみ顕在化する。

2　「忠誠・協調」の「抑圧・隷属」への反転

以上の四状相の特色を対比すると、忠誠・協調状相がもっとも好ましいと価値判断する人が出るかもしれない。だが、忠誠・協調状相がもっとも好ましい状態であるとは単純に言えない。その理由は、正当性を全面的に共有した忠誠・協調状相は、一定の条件下では、一見もっとも遠い抑圧・隷属状相に反転してしまうからである。

なぜそのような反転が生ずるのか。その理由は、次のように説明できよう。忠誠・協調状相は、単一の価値体系を支配者と被支配者とが共有することによって成り立つ。特にその価値体系の保持が絶対化され、厳格に成員に要求されるような忠誠状相の場合、「自己犠牲の自明視」と「正統と異端」の問題が生じるのである（例、天皇制ファシズム下の特攻隊）。すなわち、「自己犠牲の自明視」は、「隷属」状相への反転を引き起こす。なぜなら「隷属」状相とは、被支配者の利害要求や不満の表明の正当性を認めない上に、そのような状態を自明視させるという状態であるからである。さらに「自己犠牲の大きさ」への疑問・批判を、ある被支配者が公言した場合は、その個人は、「唯一の正しい価値観」に反逆する「異端者」となってしまう（例、戦争反対者に対する「非国民」という非難）。正統な価値を提唱する支配者とその支持者は、そのような異端の価値体系の主張を禁止するか、組織や社会の中での存在を否定する必要が生じる。すなわち、異端者と支配者の間の関係は、抑圧状相へと反転する。

理念と価値観の共有が秩序の維持に決定的に重要であるような宗教組織や、理念志向的な政党組織において、また「唯一の正しい価値観」を掲げるさまざまな全体主義体制において、このような「忠誠状相の抑圧・隷属状相への反転」という事態が、再三生起してきた。これに対して、交渉状相は、価値観の多元性を認めた上で、平和的に利害調整、意見調整をする方法を設定しようとする。そこでは、意見の相違は、「正統」と「異端」としては定義されず、「多数派」と「少数派」として意味づけられる。自由主義は、交渉状相に適合的な思想である。

3　閉鎖的受益圏の階層構造

支配システムを形成する第二の契機は、閉鎖的受益圏の階層構造である。一般に「受益圏」とは、主体がその内部にいることによって、さまざまな消費＝享受的な財の分配に関して（すなわち欲求の享受機会の分配に関して）、その外部にいる場合には得られない固有の機会を得られるような一定の社会圏のことである。この意味での受益圏は社会の内部にいろいろな形で存在している。例えば、社会集団、組織、一定の地域社会、世代、階層等は、それぞれの文脈に応じて受益圏となりうる。受益圏の対概念は「受苦圏」である。その意味は、主体がその内部にいることによってなんらかの欲求充足の否定を、すなわち苦痛や損失を被らざるをえないような社会圏のことである。「閉鎖的受益圏の階層構造」とは、このような受益圏が重層的に、かつ対外参入障壁（閉鎖性）と財の対外分配格差を同時にもちつつ形成されているものであり、しばしばその底辺部に受苦圏を伴っているものである。

閉鎖的受益圏の階層構造については、図2—6に示すように、受益格差のより少ないものからより

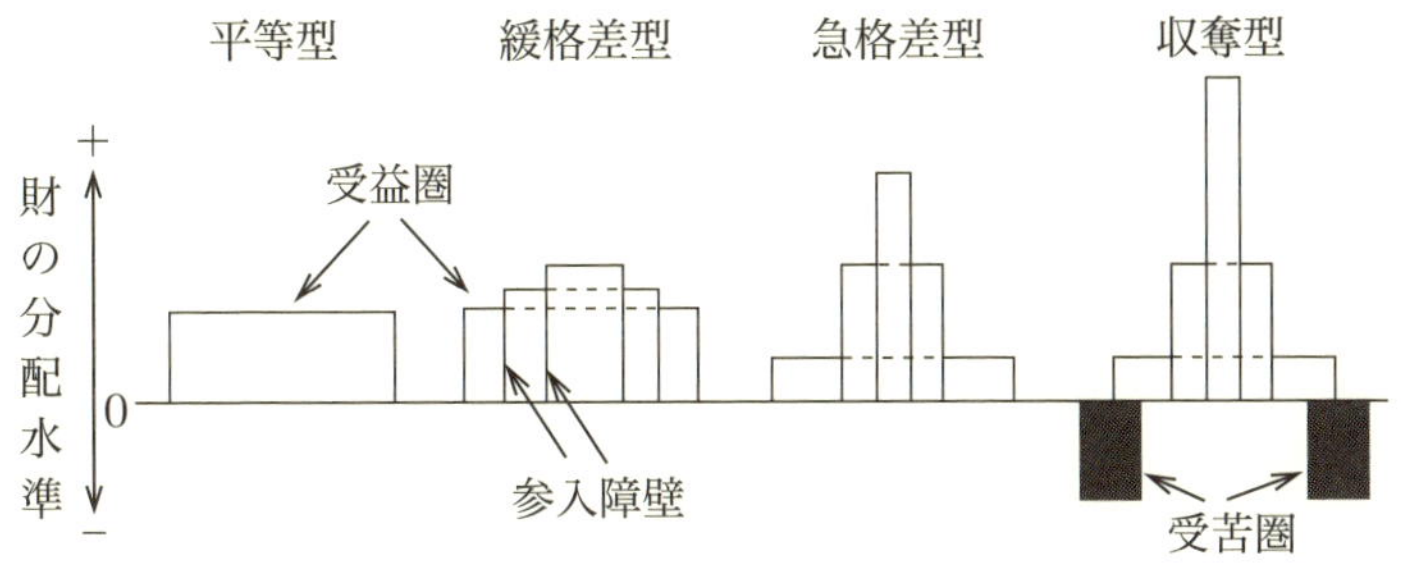

図 2-6　閉鎖的受益圏の階層構造の類型

大きいものへと向かって、「平等型」、「緩格差型」、「急格差型」、「収奪型」という四種類を設定できる。これらは典型的には、垂直的政治システムの「忠誠・協調」、「交渉」、「対決」、「抑圧・隷属」の四状相に、それぞれ対応するものである。もちろん経験的には、この典型的な対応以外に、さまざまな対応の仕方が存在する。

この四つの類型は、原理的には剰余財の分配のしかたの相違によって区別される。平等型とは、剰余財が、すべての関与者に平等に分配されるような場合である。緩格差型とは、剰余財が[6]、すべての関与者に分配されるが、そこには、格差が存在する場合である。急格差型とは、剰余財の分配を一部の主体が独占することにより、そこに急激な格差が存在する場合である。収奪型とは、急格差型の特色に加えて、底辺部における受苦圏が存在し、そのことが、もっとも上層の特権的な受益の前提になっているような場合である。公害防止を手抜きし、周辺住民に公害被害を押し付けることによって、莫大な利益を得ているような企業組織は、この例である。

一般に組織の内部においては、閉鎖的受益圏は支配者（統率者）

を中心に形成されるのであり、支配者~被支配者の多重的なヒエラルヒーに対応して、閉鎖的受益圏が重層的な階層構造をもって形成されている。また組織は全体としては外部の環境に対して、閉鎖的受益圏という性格を持つ。社会の中では、強大な政治的力や経済的力を持つ主体（例：大企業、業界団体、官庁、全国的労働組合、全国的農業団体等）は、それぞれ自分を中心にして、閉鎖的受益圏の階層構造を形成している。中でも政権を掌握している社会階層もしくは政権の支持基盤となっている利害集団は、もっとも強大な力を持つゆえに、社会の中でもっとも恵まれた（あるいは相対的に恵まれた）受益圏を形成しており、しかも政権をとることによって、政府の力を、自らの受益圏をより有利にするために使うことができる。

閉鎖的受益圏の階層構造が形成されてくる論理的メカニズムには三種のものがある。第一は、支配者層が自らの私的利益のために、格差づいた財の分配構造を作りだそうとすることである。第二に、経営システムの効率性上昇のために採用される能力主義的な分配原則（経営システムにより大きく貢献する者ほど、より多くの財が分配されるという原則）は、より上位の統率者層（支配者層）に手厚い財分配をもたらし、格差を作りだす方向に作用する。第三に、いわば自然発生的な格差の発生がある。例えば威光とか「仕事自体のおもしろさ」とかの享受機会は、協働連関の中枢の支配者層（統率者層）ほど恵まれているのを常とする。そうなる根拠には、それらの分配が、協働連関の中で各個人の有する主体性の程度に対応するからであり、そこには誰かが意図したわけではないのに自然発生的に不平等化するというメカニズムが存在している。

一般に、高齢者とか身障者とかの「不利な条件を持つ者（the handicapped）」という意味での「弱者」は、閉鎖的受益圏への参入を拒否されることによって、「財分配上差別されている主体（the deprived）」という意味での「社会的弱者」となる。どのような主体が the handicapped であり、the deprived であるかは、参入障壁の種類や質やのりこえがたさと相関的である。

4　被格差問題

では、支配システムの文脈において、社会的な諸問題を捉えるための鍵概念は何であろうか。それはまず「被格差問題」と「被排除問題」であり、次にこれを基盤に発生する「被支配問題」である。被格差問題と被排除問題と被支配問題とは、組織の内部にとどまらず、社会的なさまざまな場面において見いだされるものであるが、ここでは、主として組織内部に注目する。

「被格差問題」とは、なんらかの閉鎖的受益圏の外部にいる主体が、財入手に関して受益圏内部の主体に比べてより少ない機会しか持たず、より低い欲求充足しかできない状態が当事者によって問題視されたものである。例えば、企業組織において役職の上下によって、給与や労働条件や昇進機会に格差があり、それが下の者から不満に思われているのは被格差問題である。

「被排除問題」とは、なんらかの閉鎖的受益圏が存在する状況で、その閉鎖的受益圏の内部の主体が外部に排除されたり、外部の主体の内部への参入意向が拒否される場合に、当事者によって排除や参入拒否が不当であると問題視されたものである。例えば、企業において派遣社員が正規社員の有する受益機会から排除されているとか、人種差別のなされている社会において特定の人種の人々が公共施設の使用を希望しても拒絶されるような場合がそれにあたる。これに対して、従業員が定年退職制度の運用によって退任し、それを当然と考えているのであれば、被排除問題とは言わない。

被格差問題と被排除問題とは、そのいずれも、主体が相対的に劣位の受益圏の中に存在せざるをえないという状況において発生するのであり、事例によっては同一の状況が、主にどの側面に注目して把握するのかによって、被格差問題とも被排除問題とも意味付与されうる。

閉鎖的受益圏のあるところ、被格差問題と被排除問題はいたるところに存在する可能性があるのだから、前者は後者の発見にとって、索出的な手がかりを提供する。

「被支配問題」とは、このような被格差問題あるいは被排除問題の特質に、さらに次のような受苦性、階層間の相剋性、受動性という三つの規定が付加することによって定義される。被支配問題とは、財の享受の機会が相対的に少ないことに加えて、さらに第一に、マイナスの財の押し付けもしくは欲求充足の否定という規定（受苦性）が加わったものである。すなわち、なんらかの打撃、苦痛、損害が、特定の閉鎖的受益圏の外部にいる主体に対して加えられることによって、被支配問題は定義される。公害の被害、職業病、労働災害、冤罪、土地の強制収用等は、被支配問題の典型である。そして、これらの被支配問題の中で経験される苦痛は、完全な補償を事後的に行うことが、原理的に不可能あるいは、きわめて困難という特質を頻繁に示す。

被支配問題の第二の特徴は、苦痛の解消や損害の補償をめぐって、閉鎖的な受益圏の内外の間、すなわち支配者層と被支配者層との間に、相剋性が存在していることであり、被支配問題を被っている主体の問題解決努力が実を結ぶためには、この相剋性に打ち勝たねばならないことである（階層間の相剋性）。例えば、労働者の提供する職業病や労働災害の防止のための事前の安全化要求や事後的な補償要求とは、その責任を負うべき企業経営者からの譲歩を要求達成の条件としているし、冤罪事件においては、警察組織や検察組織が自らの不当性を被害者に対して認めなければならない。

被支配問題の第三の特徴は、問題発生過程において、また問題解決努力において、被支配者層が受動性を被り続けることであり、支配者側の拒絶の意志と力関係上の落差という壁にぶつかって、悪戦苦闘を強いられることである（受動性）。被支配者側の要求に対する支配者側の拒絶の意志は、消極的黙殺の形をとったり積極的拒否として表れたりする。その拒否の根拠は、有責性の否認に基づく場合もあれば、秩序の維持とか、補償能力の欠如や私利防衛のためとか、経営システムの効率性維持のためのこともある。このような拒絶に抗して、いかにして要求を実現するかが、被支配問題の解決をめざす社会運動にとっての中心的な課題となる。

被支配者から見て被支配問題としてある状況は、支配者側から見れば「支配問題」としてある。すなわち、支配問題とは、被支配者側の利害要求や異議申し立てに抗して、支配者側が、いかにして政治システムの秩序を維持し、かつ既存の閉鎖的受益圏の階層構造の中の自分の既得利益を守るかという問題である。支配問題とは、支配者の側から見た秩序形成問題、あるいは秩序維持問題であるともいえる。支配者は「支配問題」の解決を、「秩序維持問題」の解決という名目で正当化しようとする。

被支配問題解決努力と支配問題解決努力という、対照的で異質な問題定義に基づいて階層間の意志と力が拮抗するところに、支配システム固有の行為が展開し、階層によって全く異質のパーソナルリアリティが立ち現れることの根拠がある。

次に被支配問題について補足的注意をしておこう。第一に、被支配問題は論理的にも経験的にも、被格差問題や被排除問題をその発生基盤としている。経験的に見ると、すでに被格差問題や被排除問題の生じているところに、経営システムの衰退や環境の急変、強制的＝拘束的な効率化、「社会的費用」の負担放棄、稀少資源の独占といった諸条件が付加することによって、被支配問題は必然的、典型的に発生する。それゆえ、これらの諸条件と被格差問題・被排除問題の存在とは、被支配問題の発見にとって、索出的な手がかりとなる。

第二に、被支配問題が存在している場合、そこにつねに一義的に加害―被害関係を論定できるとは限らない。例えば経営環境の悪化により企業が倒産し失業が発生した場合、そこには被支配問題が発生しているのだが、企業経営者の加害意志によって問題が発生したということはできないであろう。むしろ、被支配問題を発生せしめる直接的、間接的要因連関は錯綜していること、その中での加害主体や有責主体の確定が原理的に紛糾することが、被支配問題の発生メカニズムにしばしば見られる特質である。別の角度から言えば、社会的に共通認識されている加害―被害メカニズムとか実定法上の有責性の有無にかかわらず、そこに解決すべき問題の存在することを批判的に照らしだすことに、「被支配問題」概念の意義がある。

第四節　経営システムと支配システムとの相互連関

1　両システムの特徴対比

以上に検討してきた経営システムと支配システムの特徴をより明白にするために、さまざまの角度から両システムを対比したのが、表2―2である。この対比によって、両システムがどのようなものであるか再確認できるであろう。

表2―2の中の鍵概念のうち、「流動化」「動態化」「情況化」は、これまでの説明の中には登場していない言葉なので、ここで説明をしておきたい。

「流動化」とは組織システムや社会制御システムの定常的作動の過程がなんらかの程度において崩壊し、変革を志向する非定型的な行為が一定の広がりをもって出現するようになることであり、社会の有する「主体と構造の両義性」に関して、構造優位から主体優位への相転移が生じることである。そして、経営システムの文脈で生起する「流動化」が「動態化」であり、支配システムの文脈での「流動化」が「情況化」である。「動態化」も「情況化」も、変革という目的を共有する人々の間での協力的な相互作用の活発化によって開始される。動態化の成功例は、企業における経営革新運動や行政組織の運営改革の努力の中にしばしば見いだすことができよう。動態化においては、支配システムの秩序自体が疑問に付されたり揺らいだりするわけではない。支配秩序は維持されつつ

表 2-2　経営システムと支配システムの特徴対比

特徴として注目する点	経営システム	支配システム	
主体を表す基礎概念は何か	統率者 ←→ 被統率者	支配者 ←→ 被支配者	
それぞれのシステムを認識する際の主要テーマ	どのようなやり方で経営課題群の継続的充足が行われているか（手段、技術、経営方針、など）。	どのようなやり方で集合的意志決定がなされているか（両階層の決定権・発言権、交渉や闘争、力関係等）。 どのような正負の財の分配構造があるか（受益圏と受苦圏の構成のされ方）。	
当事者にとって、どのような形で解決すべき問題が立ち現れるか	経営問題、被圧迫問題の解決。とりわけ、経営困難や経営危機の打開。	支配者にとって	支配問題
		被支配者にとって	被格差問題、被排除問題 被支配問題
当事者にとって実践的関心の焦点となることは何か	経営能力の向上と、それを通じてのより豊富な財の享受。	支配者にとって	政治システムの秩序の維持。 自分から見て「適正な」分配原則の維持
		被支配者にとって	政治システムにおける決定権の拡大。 財分配格差の撤廃、負の財の押し付けの除去。
当事者は、それぞれの抱く理念をどのような代表的な言葉によって表現するか	効率性、成長、発展、拡大、健全経営	支配者側	法と秩序、経営責任、等
		被支配者側	自由、平等、公正、民主化、差別の撤廃、抑圧からの解放、等
当事者にとって、稀少性（scarcity）がどのようなかたちで問題化するのか	経営課題群の達成のための手段的資源の有限性や不足。	欲求充足機会（消費的＝目的的な財）の稀少性 支配者の地位（特権的受益と特権的決定権を有する地位）の稀少性	
当事者にとって相剋性がどのようなかたちで立ち現れるか	複数の経営課題間の択一的競合（トレードオフ）に由来するサブシステム間の最適化努力の相剋。	決定権の分配と財の分配をめぐる階層間の（閉鎖的受益圏の内外での）利害対立。	
当事者が他の主体を批判する際の主要な批判基準はどういうものか	より最適な経営方法は何か。 より目的合理的な手段は何か。	より適正な財の分配のあり方とは何か。 より公正な決定権や発言権のあり方とは何か。	
非日常性もしくは流動化をどのような言葉で表すか	動態化	情況化	

も、経営システムの既存の行為プログラムに包摂されないような変革行為が噴出するのである。これに対して情況化においては、支配秩序自体が問題的なものとみなされ、支配秩序を揺るがすような行為が噴出するのである。企業におけるストライキや、何らかの問題についての大規模な反政府デモは、情況化の典型例である。

ここで、両システムについて、三つの補足的な説明を付加しておこう。

第一は、支配者＝統率者に対する一般的なアンビヴァレントな態度についてである。支配者＝統率者と被支配者＝被統率者とは、それぞれ両義的性格を持っている。このことが、一般に、支配者＝統率者としての組織の長に対する、両価的（ambivalent）態度が広く抱かれる根拠である。組織の長にせよ、行政組織にせよ、共同利益へ貢献する統率者という契機においては、肯定的評価や賞賛の対象となるが、支配システムにおける支配者という契機においては、特権的受益と特権的決定権の保持者として反発や批判の対象とならざるをえない。

第二に、経営システムと支配システムの空間的広がりについて。空間的広がりという点から見ると、一般に支配システムは経営システムを包摂しているが、さらに経営システムの外部にまで広がっている場合がある。例えば、一つの企業は支配システムであると同時に経営システムである。ところが、企業活動の負の随伴帰結として、工場の周辺に公害が発生し、付近の住民が健康被害を被り、それに起因して企業に対して抗議行動を行う場合、付近の住民は経営システムの構成員ではないが、企業を中心とする支配システムの構成員となっている。すなわち、被害住民は、閉鎖的受益圏の階層構造のるのである。

底辺の受苦圏に属する主体として、また、政治システムにおいて異議申し立てをする主体となってい

第三に、パーソナルリアリティの差異と支配システムの類型との関係について。我々は現実に、組織の水準においても、社会制御システムの水準においても、経営システムと支配システムの両義性の中に生きている。しかし、この両義性を日常意識において明確に自覚しているわけではない。むしろ、パーソナルリアリティにおいては、その一方のみがより強く意識されることのほうが多いであろう。

経営システムと支配システムの両義性のどちらの側面が、人々にとって強く意識されるかということは、支配システムの類型によってまず規定される。一般的に言って、忠誠・協調—平等型、交渉—緩格差型という類型においては、支配システムの諸特徴が相対的に後景にしりぞき、経営システムの諸特徴が相対的に前面に出る。この場合、当事者にとっては自らを語るにあたって、「統率者／被統率者」という言葉にリアリティを感じるであろう。そして、「支配者／被支配者」という言葉には、違和感を感じるであろう。あたかもすべては、経営システムの内部で進行するかのように感じられ、支配システムの存在自体が、鮮明に自覚されないということがおこってくる。

これに対して、対決—急格差型、抑圧—収奪型においては、支配システムの存在がより鮮明に体験され、経営システムの諸特徴は相対的に後景にしりぞく。そこでは、被格差・被排除・被支配問題が生起し、秩序維持と意志貫徹をめぐる交換力の行使が頻繁になされるので、支配システムの存在が明確に自覚されるのである。この類型においては、当事者にとって「支配者／被支配者」という言葉が

リアリティを持ち、自らの体験はこれらの言葉に関係づけて解釈されるであろう。

言い替えると、被支配者たちが支配者に対する正当性信念を持っている場合、彼らにとっては「支配者＝統率者」である主体を表現するのに、「統率者」という規定がリアリティを持つ。逆に、被支配者たちがその主体に対して正当性信念を持たない場合、彼らにとっては、同じ主体を表現するのに、「支配者」という言葉が、日常感覚としては自然な言葉として感じられるであろう。

以上のように、経営システムと支配システムとは、多くの点で対照的な性質を持つものである。だが同時に、両システムは相互に他方の存在を前提し、いろいろの論理的回路を通して規定しあっている。では、両者の間には、どのような内容の相互連関があるだろうか。

2　支配システムは経営システムをどのように規定しているか

まず、支配システムは経営システムの存立に対して、どのような諸前提を提供しているだろうか。それは第一に、秩序の確立によって、経営システム内の統率者の指示の実効性を保障することである。経営システムが円滑に運営されるためには、統率者（支配者）の指示と規範に、被統率者（被支配者）たちが、従いつつ行為することが必要である。このことは実は、経営システムの内部だけでは完結的に保障されない。それは政治システムにおける支配秩序の確立によって、はじめて可能となる。すなわち、被支配者たちの自発的同意（支配者の指示を正当だと信じるがゆえに自発的に従う）、もしくは受動的服従（内心では不満を持っていたとしても、支配者の力に強制されて外面的行為においては指示に従う）が確保されることによって、はじめて可能となる。それゆえ、もし被支配者たちの「自発的同意」および「強制による服従」という要因がともに失われると、政治システムにおける秩序が維持できなくなり、それと同時に経営システムの円滑な作動の前提条件は崩壊してしまう。

このような指示の実効性の確保は、経営システムの作動の過程のあらゆる局面で、たえず解決されなければならない。このことの重要性は、企業におけるストライキの例を見れば明白である。ストライキとは、支配システムにおける支配秩序が崩壊し、それゆえ統率者（支配者）の指示の実効性が失われた状態である。

支配システムが経営システムに提供する第二の前提条件は、政治システムを通して人々の欲求を経営課題へと転換することである。すべての経営課題の設定が政治システムに依存しているわけではなく、経営システムの内部だけで完結的に設定されうるものもある（例、企業において、離職率とか欠陥品率を一定値以下に設定するというような課題）。だが、人々の諸々の欲求のうち、誰の欲求をどの程度まで経営課題として設定すべきかという問題は、経営システムの内部で自動的に決まることではなく、政治システムの中での要求提出と合意形成によって決定され、それが経営システムが作動するにあたっての前提的枠組みを定義するのである。例えば、給与、安全、休日、労働強度等に関する労働者の諸要求が、どれだけ企業経営の上で尊重されるべき経営課題となるかは、自明のものではない。それらはそのつど、企業経営者と労働者層（そしてその利害の代弁者としての労働組合）との間での政治システムにおける交渉を通してはじめて決まるのであり、それゆえ両者の力関係や価値観の異同、交渉・闘争技術の巧拙等の諸要因に左右されるのである。

また例えば、歴史的に見るならば、一九六〇年代半ばまでは、環境保全という目標は、大多数の日本の企業においても、政府においても経営課題として設定されていなかった。しかし、一九六〇年代後半の反公害運動の全国的高揚により、政治システムにおいて、公害防止という要求が激しく表出されるようになった。一九七〇年代になると、公害防止要求は、政府・自治体レベルおよび、企業レベルの経営システムの内部に制約条件として（さらには、部分的には経営課題群の一つとして）取り入れられるようになり、経営システムにとって無視できないものとなった。さらに、一九九〇年代になってからは、企業においても行政組織においても、「環境保全」という時代の要請が、経営課題群の一つとして広範に設定されるようになった。

支配システムが経営システムを規定する第三の回路は、支配システムにおける利害表出を通して、経営システムにおける手段選択に対して制約条件が課されることである。すなわち、経営システムにおける手段選択は、支配システムにおいて許容される範囲でしか実現できない。統率者＝支配者にとって、紛争なしに、あるいは社会的合意を維持しながら、選択しうる経営手段の範囲は限定されている。例えば、業績不振の企業において、経営再建のために考えられる一つの手段として、従業員の解雇という方法がある。だがこれに対して、支配システムの文脈で、雇用を守ろうとする労働組合の要求が強力なものであれば、解雇という選択肢に対しては一定の制約条件が課されることになる。

3 経営システムは支配システムをどのよう規定しているか

では逆に、経営システムは支配システムの存立に対して、どのような諸条件を提供しているだろうか。第一に、経営システムはその円滑な作動を通して、政治システムにおける支配の正当性を保障する。一般に経営システムにおける経営の成功が継続することは、経営課題群の達成を通して、被支配者層を含む組織成員に、一定の財の分配を可能にする。それによって、成員の欲求を充足し、不満の発生を防ぎ、同時に支配者が経営システムの統率者として有能であることを証明することによって、支配者の威信を高め正当性を強化する。逆に経営の失敗は、財の分配の減少により不満を引きおこし、支配者の能力不足を示すことによってその威信を低下させ、支配の正当性をゆるがせる。

経営システムが支配システムのあり方を規定する第二の回路は、閉鎖的受益圏の階層構造の形成とその特性に、経営システムの作動の論理と特色が、次の①〜④のように反映することである。

①経営システムは同時に対外的に見れば、一つの閉鎖的受益圏を形成する。経営システムには境界がある。経営システムは経営課題を達成し、その成果を直接的に、あるいは交換によって間接的に、欲求充足のための財として、成員あるいは加入者に分配している。経営システムの中には、大きな外部効果を伴うものもあるが、まず内部への受益を伴うことが経営システムの基本特徴である。

②経営システムにおける剰余財の産出や剰余財の利用こそ、閉鎖的受益圏の階層構造を形成する第一の根拠であり、その分配のしかたが、先に見たように、閉鎖的受益圏の階層構造のさまざまな類型を構成するのである。それゆえ、ある組織や社会制御システムが経営システムの側面において、強力

あるいは優秀であることは、それらが社会内部において、より有利な受益圏となることの一般的な根拠となる。なぜなら、他との対比においてより優れた形で経営課題を達成することは、より豊富な財を経営システムとして入手できることを意味し、それだけその成員やクライエントの欲求充足機会も増えるからである。

③内部的に見れば、一般に、経営システムはその効率性を上昇させるために、内部への財の配分にあたって、経営課題の達成への貢献を有力な判断基準とみなし、それに由来する財配分の優先順序についての原則を作り出す。企業において、「投資効果」の上がる領域や設備に資源の優先的集中がなされるのはその一例である。そのような効率性基準の一つの特殊ケースは、個人への報酬分配にあたっての能力主義的原則の採用であり、それは階層間に格差を作り出す。また同時に効率性の上昇の論理は、統率者層（最上位の統率者および中間統率者）の特定化を促進し、統率者（支配者層）の地位取得に対し参入障壁を作り出す。この二つの要因のからまりあった帰結は、閉鎖的受益圏の形成である。しかもこのことは、一部の成員の「私利私欲」に基づくというよりも、経営システムの限りでの組織システムや社会制御システムの共同利害を合理的に達成しようとすること自体に根拠を持つのである。閉鎖的受益圏の階層構造を解消しようとする時、繰り返し現れる困難さは、経営システムの効率性上昇という強固な論理から内在的に、それを形成しようという力が働くことである。

④さらに、組織システムや社会制御システムにおいて、経営システムとしての内部分業の仕方や、階層的な役割分担のあり方という特性が、それらの内部における受益圏の分立状況や、階層格差につ

いての特性を規定するのである。専門職担当者と補助業務担当者、熟練労働者と未熟練労働者という役割分化は、経営システムにおける役割分担を表すものであるが、同時に支配システムにおける受益格差を規定するのである。

第三に、経営システムにおいて各主体が担当している役割遂行は、支配システムにおける「交換力」の基盤である。

一般にどの主体も、役割遂行における「自分の協力」あるいは「善意」の程度を操作することによって、それをその「協力」を必要としている他の主体に対する交換力とすることができる（Crozier 1963）。言いかえると、経営システムは各役割・部局の課題達成のために、また、経営課題として設定されている成員欲求の充足のために、その内部でさまざまな形でさまざまな財を循環し再配分し交換しあっている。財をどのように循環させ再配分し交換するかについては、そのつど、それについての裁量をふるえる役割の担当主体の意志が介在するから、そのような主体は他の主体に対して「交換力」を入手するのである。

4　経営問題と被格差・被排除・被支配問題との相互関係

両システムの相互連関の中で大切なのは、経営問題と被格差・被排除・被支配問題との論理的な関係である。一つの組織内の問題をとりあげた時（また、より一般化して言えば、一つの社会的問題をとりあげた時）、そこには通常、表2―3に例示してあるように、経営問題の契機と被格差・被排除・被支配問題の契機とがともに見いだされる。では、両者はどのように関係し、連動しているであろうか。

経営問題と被格差・被排除・被支配問題との第一の関係の仕方は、経営問題の解決の失敗が経営危機を引きおこし、その結果、その経営＝支配システムの中の諸個人への財分配が減少し、とりわけその底辺部において被格差問題や被排除問題が先鋭化したり、被支配問題が生じることである。組織におけるその例としては、経営の失敗により企業が倒産し、労働者が失業してしまう場合がその典型である。

全体社会水準での例としては、石油のような重要資源の輸入が途絶し、国民経済全体が制御不能なインフレや不況という大きな打撃を受け、多くの人々の生活を困窮させる場合がある。この文脈においては、次々に生じてくる経営問題を適切な経営によって解決し続けることは、経営危機ゆえに発生する先鋭な被格差・被排除・被支配問題を事前に回避・防止し続けるという重要な意義を持つのである。つまりこの限りでは、経営問題の解決と被格差・被排除・被支配問題の先鋭化の防止とは、いわば「正連動」している。

だが経営問題の解決は、つねに被格差・被排除・被支配問題を防止するように作用するのであろうか。逆に、経営問題を解決するために強度に効率性を上昇させようとすることが、被格差・被排除・被支配問題を深刻化させるという論理的関係もあるのである。すなわち両者が「逆連動」している場合であり、これが経営問題と被格差・被排除・被支配問題との第二の関係である。

一つの経営システムが効率性を徹底して向上させるためには、そのシステム内部における「資源の

表 2-3　経営問題の契機と被格差・被排除・被支配問題の契機との対比

社会的問題の例	経営問題の契機	被格差・被排除・被支配問題の契機
国家財政危機の再建問題	財政収支の均衡回復（赤字の克服）	増税による負担の増大や、財政支出削減による社会的弱者の困窮化
清掃工場建設問題	廃棄物処理能力の確保	廃液・廃ガス、清掃車集中による公害の危険性、土地収用問題
新幹線建設問題	高速交通便益の提供	騒音・振動公害問題、土地収用問題
構造不況業種の合理化問題	倒産を防ぐための経営能力の向上、スラックの縮減	解雇による受益圏からの排除、労働条件のさまざまな悪化（賃金カット、労働強化、安全衛生設備の縮減、etc.）

余裕《スラック》」を極力縮小せねばならない。またシステムの外部に対して、経営に伴いさまざまなコスト（費用あるいは損失）の負担を転嫁することによっても、効率性は上昇させうる。それらの結果、経営システムの内部および外部に剥奪と資源不足が負わされ、被格差・被支配問題がしばしば引きおこされてしまう。内部的問題発生の例としては、経営危機の企業において採算を改善するために、余剰人員（労力上のスラック）を削減したり、賃金カットや労働強化をしたり、安全衛生設備を縮減することによって、労働者に待遇悪化や労災・職業病の多発をもたらす場合がある。対外的問題発生の例としては、企業が利潤増大のために、自らの活動に伴う汚染物質を未処理で（すなわち「社会的費用」を負担せずに）環境に排出し、周囲に公害を引きおこしている場合があげられる。このように極限的な効率性の追求に伴うコストという文脈においては、経営問題の解決努力をとおして逆に、被格差・被排除・被支配問題が先鋭化するという帰結がもたらされる。

このように、経営問題の解決と被格差・被排除・被支配問題の解決との間には、正連動と逆連動という二つの関係の仕方が存在するのである。

第五節　社会的諸問題の解決過程

1　支配システムの類型の重要性

以上の理論枠組みを使うと、一般に社会的諸問題の解決過程はどのように分析されるだろうか。またこのような理論枠組みの適用を誤らないためには、どのような注意が必要であろうか。

まず確認すべきことは、一つの社会的問題が解決されたと言いうるためには、経営問題の解決と被格差・被排除・被支配問題の解決という二つの文脈において、当事者達が受け入れうる状態が作り出されねばならない、ということである。

ところが第四節で見たように、両者の解決は正連動するとはかぎらず、非常にしばしば逆連動するものである。この逆連動の場合、経営システムと支配システムという両義性への注目は、それだけでは、視点のとり方によってああも言えればこうも言えるという動揺する判断を提出するだけに、とどまってしまう。すなわち、われわれが二つの問題文脈を切り離して、その一つ一つに注目しているかぎりでは、統率者（支配者）の主張は経営システムの文脈で経営問題の解決に関して説得力を持ち、被支配者（被統率者）の主張は支配システムの文脈で被格差・被排除・被支配問題への批判に関して共感を呼ぶ、といった二つの判断を並置するだけに終わってしまう。

このような判断の並置という地点を越えて進むための鍵は何であろうか。それは、支配システムの類型の差異によって、ひとくちに経営問題とかその解決とか言っても、その意味が全く異なることの確認である。われわれの考察する個々の具体的な経営システムは、そのつど支配システムの諸類型（代表的には、政治システムの四状相と、受益圏の階層構造の四類型が典型的な形で組みあわさった、「忠誠・協調〜平等型」、「交渉〜緩格差型」、「対決〜急格差型」、「抑圧・隷属〜収奪型」の四類型）のどれかに包摂されている。経営システムは、これらのどの類型をその作動の前提的枠組みとしているかによって、次の二つの意味での異質性を示すのである。

第一に、各階層の諸欲求がどの程度まで尊重すべきものとされており、充足されるべき経営課題へと転換されているかということが、支配システムにおける閉鎖的受益圏の類型の違いに応じて、全く異なる。閉鎖的受益圏の四類型、すなわち平等型、緩格差型、急格差型、収奪型とは、この順に、被支配者層の諸欲求を尊重してその多くを経営課題化しているものから、それらを冷淡に扱いごく少しの欲求しか経営課題として認めないものへの変移を示すものなのである。それゆえ、平等型や緩格差型の支配システムを前提にした場合、経営の成功はただちに被支配者層も含めての欲求充足の高度化に正連動する。けれども、急格差型や収奪型においては、経営の成功は、そのような正連動をもたらさず、逆に、非常にしばしば被支配者層の欲求の抑圧（欲求の経営課題化の拒否）と表裏一体のものとなっている。

第二に、一つの経営問題の解決方法は一般に複数ありえるがそのうちのどれが選ばれるかは、支配システムの類型に応じて異なってくる。一つの経営問題や経営危機に対して提出されるさまざまな解決策は、経営システムの文脈で経営課題の達成という点から見るかぎり類似の効果を発揮するものであったとしても、支配システムの文脈においては、諸階層の利害に対して中立的でない。一般に、「忠誠・協調～平等型」や「交渉～緩格差型」の支配システムという前提のもとでは、被支配者層にとっての打撃を回避したり最小化しようとしつつ、経営問題を解決する道が探られる。けれども、「抑圧・隷属～収奪型」や「対決～急格差型」においては、統率者層（支配者層）自らの既得利益を防衛しつつ、被支配者層のみに犠牲を押し付けるような経営問題解決策を選択しようとするのが常である。

われわれの分析や価値判断の対象となる具体的な個々の協働連関は、そのつどこれらの支配システムの類型のどれかが、経営システムを包摂しているという形をとっている。それゆえ現象の認識にあたって大切なのは、具体的な協働連関の全体性から断片的に抽象された「経営システムの側面」と「支配システムの側面」との間で、視点の転換を繰り返すことではない。重要なのは、支配システムのどの類型のもとに経営システムが包摂されているかによって、社会的現実がいかに大きな振幅をもって異質なものとなるかに対して、敏感になることである。

表2—4は、社会的問題の解決過程が支配システムの類型によっていかに異なるかを、組織を例にしつつ、「忠誠・協調～平等型」「交渉～緩格差型」「対決～急格差型」「抑圧・隷属～収奪型」という諸類型に即して説明したものである。これと同様の視点で、社会制御システム水準においても、問題

表 2-4　支配システムの類型の差異による特徴の対比（組織レベル）

注目点＼支配システムの類型	忠誠・協調～平等型	交渉～緩格差型	対決～急格差型	抑圧・隷属～収奪型
例	理念を共有した宗教組織や運動集団 平等性のあるサークル	ストのような実力行使を回避し、話し合いで利害調整をする労使交渉	実力行使を伴う労使紛争	原始蓄積期の資本 強制収容所 植民地支配下の収奪的企業
全般的特徴	メンバー感の連帯感、融合の感情。 支配者は指導者であり、被支配者は同志である。 「支配」とか「支配システム」という表現自体が違和感を与える。	階層間の利害対立は交渉によって調整可能ゆえ経営システムの特徴が前面に出て、支配システムの特徴は後景に退く。支配システム上の構造的緊張が少ないので、すべては経営システムであるかのごとくに見える。	階層間の利害対立が先鋭であり、支配システムの特徴が前面に出る。 経営システムにとっての前提条件である経営課題群と制約条件の設定をめぐって、支配システムで激しい紛争が展開される。	上層部の特権的受益は底辺部への受苦の押し付けを前提にしている。経営努力と支配努力とは重なっており、円滑な経営は常に被支配者側の不満の抑圧を伴っている。
被支配者の欲求の経営課題への転換	諸欲求が一つの（至高の）価値によって統合されている。 経営課題の達成と、(至高の）価値の実現とが重なりあっている。(そのための禁欲と献身が成員に受容される。)	多くの欲求が経営課題へと転換されている。	欲求は部分的にのみ経営課題へと転換。 重要な欲求が経営課題へと転換されていない。	最小限度しかなされない。 例：労働者の生存に必要な最低限度の賃金
パースペークティヴの階層間の相互内面化とコミュニケーション	パースペクティヴの一体化 円滑なコミュニケーション (共有されている価値意識を批判するような発言のタブー化)。	一定程度あり。 支配者（統率者）は被支配者の欲求を一定程度感受する。被支配者（被統率者）は経営問題を一定程度感受する。	ほとんどなし。 言語不通状況。	なし。 被支配者は発言権すら認められていない。
被支配者側の自己主張の特徴	支配者に対する（熱狂的）献身。対抗的自己主張は問題にならない。	「対抗政策」が大きな意義を持つ	紛争化による要求提出回路の創出。自らの組織化を背景にした交換力の行使。	脱出と逃亡・亡命。 一揆的反抗
認識にあたって注意すべきこと	これらの類型のみを理論構築にあたっての経験的レファレントとすると支配システムの存在そのものが見失われることがある 統合の軸になっている価値意識を共有しているかいないかに応じて、パーソナルリアリティは、全く異なるものとなる。		これらの類型を経営システムの側面からのみ捉え、支配者をもっぱら統率者として捉えることは、虚偽意識という意味でのイデオロギーを生む。	
他の類型への移行	異なった価値観を持つ主体にとっては、「抑圧」状相に移行する。	経営危機が生じた場合、「対決～急格差型」へと移行しうる。	被支配者側の運動が敗北し弾圧されれば、抑圧状相へ。紛争において実力行使が減り話し合いの比重が高まれば、交渉状相へ移行する。	被支配者側が組織化と要求提出を継続的にできるようになれば、対決状相へと移行する。

(注：忠誠・協調～平等型欄で、( ) に括った部分は、「忠誠」状相の特徴であり、「協調」状相には必ずしも妥当しない)

解決過程が支配システムの類型に応じてどのように異なるかを、事例に即しつつ検討することが可能なはずである。

結び

本章を閉じるにあたり、以上の論述の理論的含意の要点をまとめておこう。

第一に、〈現実〉の限りない多様性と振幅の巨大さに即して、社会的な諸問題の解決過程の考察を行うためには、経営システムと支配システムという協働連関の両義性に注目しなければならない。どちらにせよ、これらの一方のみをとりあげて分析したのでは、一面的な認識に陥ってしまうであろう。とりわけ経営問題と被格差・被排除・被支配問題との交錯（正連動と逆連動）を究明することが大切である。

けれども第二に、協働連関の両義性への注目は、一歩その適用を誤ると、支配者（統率者）の言動を、経営問題解決への貢献という理由によって、あらゆる場合に正当化する危険性を持ち、それは虚偽意識という意味でのイデオロギーを生み出しかねないものである。個別の問題の分析にあたっては、表2―4に例示したように、あくまでも支配システムがどのような類型であるのかをまず見すえ、そのうえで各当事者の行為や自己主張を批判的に検討すべきである。

第三に、さまざまの社会学理論の有効性を「協働連関の両義性」の観点から批判的に検討することができよう7。経営システムと支配システムとは、それぞれの固有の特性と作動原理を持っているから、社会学的な理論構築は、経営システムの文脈と支配システムの文脈とでは、それぞれ異なった価値関心や鍵概念や論理展開の方向を持たねばならない。一つの価値関心や同一の概念群によって、この両者を一挙にとらえることはできないであろう。本章の考察はこのような反省をとおして、諸々の社会学理論が、経営システムと支配システムのそれぞれの解明に対して、どの程度有効であるのか、あるいは無力であるのかを検討する道を開くものである。

注

1 本章の基礎となっている理論的立場は「存立構造論」である。この立場からの社会認識の考え方を本格的に理解するためには、真木悠介（1977）『現代社会の存立構造』が必読である。また組織水準における考察としては、本書の第一章（舩橋晴俊（1977）の再掲）がある。本章はこれら二論文に論理的に接続するものである。また、A・W・グールドナーの『社会学の再生を求めて』（1978）、および、C・W・ミルズの『社会学的想像力』（1965）に見られるような方法論的反省と社会学的探究の方向づけも、本章の構想に多くの示唆を与えている。

2 「社会制御システム」とは、一定の社会的な目的群の達成を志向している統率主体（支配主体）としての一定の行政組織と、それに関係する被統率主体（被支配主体）としての社会内部の他の諸主体（企業、NPO、市民、民間団体など）との間に形成される相互作用の総体である。

3 本章の視点から見れば、組織論の多くのものが経営システムに関する理論として位置づけられる。例えば、J・G・マーチとH・A・サイモンの『オーガニゼーションズ』（1977）および、P・R・ローレンスとJ・W・ローシュの『組織の条件適応理論』（1977）は、組織を経営システムの側面から把握する点で、たいへん示唆的である。また、例えばA・P・スローンの『GMとともに』(1967)のような経営者による組織運営の記録は、経営システムの文脈での経営問題の解決過程を主要な主題にしており、その点での豊富な知見を提供するものである。

4　より巨視的な水準としては、国家体制制御システムと国際社会制御システムとがあるが、これらについての検討は別の機会にゆずりたい。

5　支配システムに関しては、M・ヴェーバーの『支配の社会学』(1960/1962)が「正当性」概念についての古典としてある。被格差・被排除・被支配問題については、なによりもまず、具体的事例を詳しく扱っている諸著作から教示を得ることが出来る。例えば、宇井純(1968)、佐木隆三(1969)、望月宗明(1976)、堤未果(2008)等のモノグラフ、ドキュメント類は、迫力をもって現実の姿を捉えており、支配システムについての豊富な知見に満ちている。

6　本章での「剰余財」とは第一章での「剰余価値」の言いかえである。存立構造論(第一章)の文脈では、剰余価値という表現が適しているのに対し、基礎理論としての本章では剰余財という表現が適していると思われる。

7　例えば、本章とは異なる立場に立つ社会学理論の有力な潮流としては「構造機能主義」がある。その基本的発想を知るには、小室直樹(1974)や吉田民人(1974)が、多くの教示に富んでいる。ただし、本書の立場からすれば、構造機能主義に対する批判として、第一に、構造機能主義は「経営システムと支配システムの両義性」という視点の分節を欠如していること、第二に、機能要件概念が適合的なのは経営システムの文脈においてであって支配システムの文脈については適合性が低くならざるを得ないということを、指摘しなければならない。

第三章　社会構想と社会制御

本章では、社会構想と社会制御に関する基本的問題群を次のような問いを通して検討する。社会構想とは何であり、そこで共通に問われるべき原理的問題群は何なのか。社会構想が持たざるを得ない限界は何であり、それは何に起因するのか（第一節）。社会構想をより具体的水準で実現しようとする社会計画と社会運動は、社会制御の努力としてどういう意義を持っているか。市場、社会計画、社会運動の関係に、いかなる対抗性と相補性が見いだせるか。それらの役割分担は、経営システムと支配システムの両義性という視点からはどう把握できるか（第二節）。個人の主体性と社会変革とは、どのように関係するのだろうか。社会学は社会構想と社会制御に対して、どういう貢献ができるのだろうか（第三節）。

第一節　社会構想とその基本問題

1　社会構想とは

「社会構想」とは、望ましい社会についてのイメージをその構成原理の水準で提示するものであり、その要素としては、社会形成のための基本的理念群、社会制度の骨格的ヴィジョン、及びそれらの前提としての、規範的ならびに事実判断的な人間観が含まれる。望ましい社会のイメージは、望ましい生活のあり方は何かという主題の探究を内包している。十分に発達した社会構想は、全体社会の構成原理を問題にするが、全体社会ではなく個別地域社会を対象にしたり、福祉、教育、環境といった個別領域を対象にして社会構想を提示することも可能である。

どのような社会構想も明示的にであれ、黙示的にであれ、①その時点での社会の問題点・欠陥の指摘、把握、②それらが何に起因するのかの解明、③望ましい人間社会のあり方の提示、④現在の状態から望ましい社会への変革過程・変革方法についての主張、という四つの大きな主題を持つであろう。社会構想の一般的基盤は、よりよい生を求める人々の願望にある。だが願望の表出がただちに社会構想になるわけではない。その願望が、社会構想という名に値するヴィジョンとなるのは、これら①から④の主題に即して知的に洗練された表現をとる時である。このうちで社会構想の核心をなすのは、③人間社会のあるべき姿についての原理的な考え方の提示、である。

社会構想において問題になるのは、人生のあり方に対する新しい定義や新しい価値の探究であり、原理的レベルでの社会の編成原理の探究である。それゆえ、社会構想の真価は、制度についての設計図が詳細であるということよりも、社会を組織するために提示する原理原則がどれだけ普遍性を持つか、またその前提としての人間観がどれだけ的確であるか、ということによって測られる。

社会構想の探索が活発化するのは、社会体制にかかわる形での社会変動が生起する時代である。一つの社会体制がその生命力を枯渇し、小手先の対処では社会的諸問題を解決しえなくなる時、社会全体の再編成を問題にする社会構想をめぐる論議が必要となる。同時にそれは、従来の社会構造の枠に収まりきらない新しい価値観、新しい人生の道の探究の活性化である。近代以後に限定した場合、社会の変動期に対応して登場した重要な社会構想としては、「近代社会形成のための社会構想」「資本主義社会を批判し社会主義を志向する社会構想」の二つの段階がある。近代日本に注目した場合、社会体制的な変動が起こった二つの画期は、幕末維新期、戦後改革期である。これらの時代においては、人間の生き方についての新しい模索が活発化すると同時に、社会全体を対象にした社会構想がさまざまに提出された。

2　社会構想の二つの原理的問題

次に、社会構想が、③「望ましい人間社会のあり方」を提示しようとする際、取り組まなければならない二つの原理的主題について考えてみよう。およそ、どのような社会構想も、（A）社会を組織化する価値を内容的にどう定義するのか、（B）社会における意志決定権の配分と意志決定手続きをどのように定めるのか、という二つの原理的問題に解答を与えなければならない。例えば、市民革命の理念としての自由、平等、友愛は、Aについての解答であるし、三権分立や議会制民主主義は、Bについての一つの解決である。社会構想の名に値するためには、AB両方の主題化がまず必要である。これら二つの原理的問題は、それに対して、個々の社会構想がどのように解答しているのかということを通して、個々の社会構想の性格を位置づける座標軸にもなりうるものである。そこで、これら二つの問題の含意をより詳しく検討してみよう。

何らかの共有された価値がなければ、社会は組織されえない。だが、望ましい価値の定義をあまりにも細目にわたって、固定的、一義的に行い、それをすべての人に強要することは、社会構想としては難点を抱え込むことになる。なぜなら、公認され称揚される価値とは異質な価値を信奉する人々にとって、そのような社会は抑圧的なものとなり、望ましい社会ではなくなるからである。

ある社会構想の提唱する価値内容の特徴は、「自由」という価値と他の諸価値をどのように尊重し、どのように組み合わせているのかということから把握できよう。一方の極には、「自由」という価値のみを至上のものとし、それ以上の価値選択は各個人にゆだね、社会構想としては、他の価値には関心を払わないという立場がある。他方の極には、人々が共通に尊重すべき価値を（その内容はさまざまでありうるが）細目に至るまで定義し、自由な価値選択を許容しない社会構想がある。現実の多くの社会は、この両極の中間にあり、「自由」という価値を一定程度尊重しながら、同時になんらかの程度において他の諸価値を尊重することによって、共有されるべき価値の内容を豊富化すると同時に、自由に一定の制約を加えている。

さまざまな価値の中でも、「自由」という価値は、特別の意味を持っている。それはそれ自体、価値の一つでありつつ、諸個人の多様な価値の追求を許容する基盤となるものである。自由は、価値の内容的定義と選択を各人に委ねることによって、価値の細目定義にかかわる対立を回避し、多元性、多様性を可能にする〈価値〉理念である。ただし自由という理念は、無限定のままではたちどころに個人間の相剋性を深刻化するであろうから、社会を組織する理念としては機能しない。自由は、「平等な権利としての自由」という限定を加えることによって、社会組織の理念たりうる（ロールズ 1979）。すなわち、社会を組織する理念としての自由は、他の主体の同様な自由と両立する限りにおいて、各主体に許容されるべきである。

およそ自由を否定した社会構想は、魅力的な社会構想たりえない。だが、社会はきわめて複雑であり、「自由」という単一の価値だけによっては、解決できない問題も多数存在する。どのように魅力的な理念も、それが一面的に強調され絶対化されるのであれば、別の文脈で別の問題を引きおこすであろう。現実に人々が直面する問題を解決するためには、自由以外のさまざまな価値も必要とされるのであり、しかもそれらの価値は、突き詰めれば、自由と対立する局面があり、自由に制約を加えることを要請するのである。その端的な例は、平等、とりわけ「結果の平等」という価値である。

したがって、社会を組織化するために共有されるべき価値として、自由の重みを認めつつも、同時に、他の諸価値の複合的な共有が必要である。「自由」という価値の問題解決能力の限界を補うのにどういう諸価値が必要か、それら諸価値のあいだにどういう優先順序や相互制約を設定するべきかは、社会構想にとっての基本問題としてある。ここで問われるのは、社会構想において、それぞれに普遍性を持つが、それぞれを一面的に絶対化すれば、相剋するような複数の理念の両立を、いかにして、どこまで実現できるかということである。各理念が、それぞれ全称否定できない生命力を持っているものであれば、具体的な課題は、諸理念の複合的な制度化の探究ということになる。例えば、自由な市場経済を前提にした上での累進課税による所得の再配分は、理念としての自由と平等を複合的に制度化した一例である。

次に、意志決定権と意志決定手続きをどう定めるかという問題（B）の焦点は、第一に、秩序の維持と相剋性の調整の問題であり、その具体化としての権力の形成の問題である。第二に、それは、権力の役割の定義とそれに対する統御の問題を提起する。秩序の維持と相剋性の調整の問題とは、いかにして諸個人の自由な実践が、相互に激しい対立や権利の侵害に陥らないようにするか、また諸個人の安全を保障するような最低限の秩序を維持するかという課題である。そのために要請されるのが強制力を備えた社会組織である。どのような社会構想も、秩序の維持の問題とそれを実現する規範体系とその担保としての権力の形成という課題を避けるわけにはいかない。それは全体社会レベルにおいては、国家権力の形成の問題として具体化し、古典的にはホッブズによって問われたところのものである（ホッブズ 1971）。

だが、形成された権力機構をめぐっては、新たな問題が立ち現れる。それは、権力機構にどれだけの役割を付与するのか、また、権力の行使が、いかにしてまたどの程度、民衆の意志を反映した形でなされうるのか、権力の独裁化をいかにして防ぐのか、という問題である。権力機構の役割の範囲については、一方で、それをミニマムに限定せよという立場（例、夜警国家論）があり、他方で、財やサービスの再配分や供給の拡大、国民福祉の増大のために積極的に役割を拡大すべし（例、福祉国家論）という主張がある。権力の民主主義的統御のためには、権力の分散（例、三権分立）、並びに、民衆の側の対抗力の保持とともに、個々の権力行使の場面において、社会的合意をいかに形成するのか、そのための意志決定手続きの洗練が重要な課題になる。例えば、住民投票、環境アセスメント、情報公開制度といった今日の争点は、この文脈に位置している。このように、秩序と安全を保障する実効的な権力をいかに形成するか、そして、いかにしてその権力が人々にとって好ましい仕方で行使されるようにするかは、社会構想にとってのもう一つの原理的問題である。

人々の関係のあり方に注目すれば、社会構想の基本発想には、「コミューン型」と「最適社会型」の二つの対照的な発想がある（真木 1971c）。コミューン型とは、人々の間の相乗性をいかに拡大し充実するかということに優先的な関心を寄せるものであり、最適社会型とは、人々の間の相剋性をいかに合理的に調整したらよいかということに力点を置くものである。このような発想との関係では、以上の二つの原理的問題は次のように位置づけられよう。「コミューン」型の社会構想は、自由とそれ以外の価値の共有という第一の問題に対して、形式的な自由という価値以上の内容的な諸価値の共有を豊富化することを志向するものである。なぜなら相乗性の深化・充実は、価値の共有の拡大を条件とすると考えられるからである。

それゆえ、コミューン型の社会構想は、価値を共有した人々からなる集団レベルの実践としては魅力的であっても、全体社会を包摂しようとすると、多様な価値の自由な探究と衝突するリスクを持つものである。

他方、「最適社会」型の社会構想は、価値選択にあたっての人々の自由を最大限尊重することを暗黙の前提にしている。その場合、必然的に生ずるであろう相剋性関係の調整の方法を洗練しなければならない。その課題を解くための焦点にくるのが、秩序維持のための権力形成とその民衆による統御という第二の問題なのである。

3　社会構想の限界と権威主義的社会構想の難点

あらゆる社会構想は、以上に見てきたような共有価値の定義と、意志決定権の定義の問題に取り組み、より望ましい社会を実現しようとするが、これまでの歴史的経験は、社会構想の限界、及び、それを実現しようとする人間の能力や知識の限界を自覚することを要請している。社会構想、及び、その具体化のための努力としての社会計画や社会運動の歴史を捉え返すならば、数多くの理想主義的努力にもかかわらず、そのような企図が他の主体の支持・共鳴を得られないゆえに達成されなかったことがあまりにも多いし、その推進者にとっては理想的と思われた制度改革の現実化にもかかわらず、新しい問題が登場しそれに悩まねばならないという事例も満ちている。その意味で、社会事象としての社会構想は二重の限界の露呈を繰り返してきた。社会構想の第一の限界は、ある主体にとっての「理想的な」社会構想が、他の主体にとってはそうではないことである。第二の限界は、一見したところ理想的な社会構想が実現したにもかかわらず、新しい問題や悲惨が繰り返し登場してくることであり、より限定的には、社会の一角での一つの問題を改善するための改革が、別の問題を引きおこすということである。それらの代表的例は、ロシア革命以後の旧ソ連や、第二次大戦後の東欧圏「社会主義」諸国の歴史である。そのような事態は何に根拠を持つのだろうか。

第一に、社会制度というものは、その多くが、自生的に生まれてきたものであり、自覚的に作られた社会制度は一部にすぎない。社会の自覚的・意図的改善努力がカバーするのは、実は、制度の一部の改良に留まるのであり、主題化しなかった多数の制度や社会関係が存在し、それらに絡み合う問題が存在している。それゆえ一つの改革は、自生的制度の中に存在し、改革者の意識に上らなかった別の問題を悪化させることがありうる。

第二に、人間の知識と感受性の限界。社会関係の網の目の中で営まれる社会的相互作用は、直接的、間接的に複雑で拡散的な影響を及ぼすものであり、人間の限られた知識と感受性によっては、その影響連鎖のごく一部しか把握できない。生産活動に伴う外部不経済としての環境汚染の発生はその一例である。このことは、M・ヴェーバーが、「意図せざる随伴帰結」として、社会的行為一般の特徴として指摘したものである（ヴェーバー 1998）。したがって、「善き意図」が必ずしも良き結果を生むとは限らず、人間の実践には、過誤の可能性がつきまとっている。

第三に、各主体の提唱する社会構想を支える価値や問題関心の相対性。一般にある社会構想の提唱主体の利害関心は、社会の中に提起されるすべての利害関心を敏感に反映しているわけではない。一つの改革が提唱主体の特殊な利害関心の直接的な表明である場合、それは、別の主体の利害関心から見れば、何ら問題を解決することにはならない。また、提唱主体が、より普遍的な理念を掲げて改革に取り組む場合でも、提唱主体の利害関心や感受性の介入によるバイアスは免れ難い。

第四に、人間の自由、とりわけ他の主体の主体性。人間の自由は、まず、科学技術の進歩とそれに支えられた生産力の変化を生み出し、一つの時代を前の時代とは異なったものとして形成することによって、各時代の切実な課題を絶えず変化させる。さらに、ある主体の社会改革の企図に対して、それぞれ自由を持つ他の主体も自分の利害関心や信ずる価値に基づいて反応的に行為し、当初の主体の意図と行為は、打ち消されたり、意味が盗まれたりするのである。「意図せざる随伴帰結」は、知識の不足に由来するだけでなく、他の主体の自由な反応行為によっても引き起こされる。

このような諸根拠により、社会構想は、上述のような二重の意味での限界を持たざるを得ない。このことの自覚は、典型的な社会構想の一つのパターン、すなわち、権威主義的社会構想と呼ばれるべきものを相対化することを要請する。社会構想として、人々が思い浮かべるもっとも代表的なイメージは、諸々の「ユートピア」思想であろう。だが、多くのユートピア思想は、権威主義的な性格を色濃く持っている（ベルネリ 1972）。すなわち、そのような構想においては、望ましい価値の内容がきめ細かく定義され、それに対応して、諸個人の生活様式まで、特定のあるべき型にはめられている。そして、そのような社会と生活の秩序を遵守させる強制力を備えた組織が確立されるのである。

権威主義的社会構想は、書物の中のユートピアの記述に留まるのではなく、二〇世紀の歴史において、ファシズムやスターリニズムとして現実化した。これらの提唱する社会構想は、それぞれ「唯一の正しい価値」とそれに対応する「唯一の正しい世界観」の内容を定義し、国家組織がその実現を担う特権的な主体として登場し、「至高の善」を実現するという名目のもとに、反対や批判を暴力的に禁圧したのであった。権威主義的社会構想が引きおこした悲惨な帰結は、歴史的教訓として決して忘れてはならないものである。

だがそれは、社会構想の一つのタイプにすぎない。社会構想のイメージを、そこから解放しなければならない。権威主義的社会構想の対極には、正当な価値内容の過剰な提唱を避け、価値の設定にあたっては、「緊急の悪弊」の除去と「自由」の尊重を優先すること、社会的意志決定権の配分については、複数主体の相互作用の中で漸進的に改良が進むという想定にたち、権力の集中を避け、〔社会的利害調整の手続きを整備し〕、社会へ介入する主体の知識と感受性の不足を自覚すること、という特徴を持つ社会構想も可能である。例えば、ポパーの「漸次的社会技術」は、このような発想に立つ（ポパー 1961）。

言い換えれば、我々は、開かれた社会構想と閉じられた社会構想、自己批判の能力を備えた社会構想と教条主義化しやすい社会構想、という区別に敏感であらねばならない。社会構想が逆ユートピアに変質する危険性を避けるためには、絶えざる自己批判が必要である。ミクロレベルで、それに対応するのは、後述の意味での個人の〈経験〉における自己批判である。

第二節　社会計画と社会運動

1　社会制御システムの契機としての社会計画と社会運動

社会構想をより具体的な水準で現実化しようとする努力には、行政組織を主要な担い手とする「社会計画」と民衆を担い手とする「社会運動」とがある。両者は共に「社会制御」を担うものであり、両者の相互作用の総体を、「社会制御システム」と言うことにしよう。

「社会計画」とは、社会システムについての合理的な知識と体系的な情報収集に立脚し、また整備された社会諸制度を使いながら、社会システムあるいはその一部のあり方を自覚的により望ましい状態に変革し維持しようという努力であり、主として行政組織によって担われる。社会計画という言葉には、広狭の意味があるが、本章の文脈では、社会計画を、経済計画も含む広義の意味で使うことにしたい。

政府による社会への介入、統治、操作自体は歴史とともに古い。政府の社会に対する介入が、社会計画という特徴を帯びるのは、社会に対する働きかけが方法的に合理化された場合である。社会計画は、近代社会における操作可能性の拡大が、一定の理念設定を前提にしながら、社会自身をも対象にするようになった過程という特性を持つ。働きかけの方法的合理化ということには、次のようにいくつかの含意がある。

第一に、社会計画は自由な主体の存在を前提にし、その上で、自由放任主義の弊害を克服しようとするものである。そのような志向の核心には「市場メカニズムの限界」の自覚がある。計画による介入の必要性は、社会学的には、「合理性の背理」という事象の認知と、その克服の提唱というようにも表現できる。「合理性の背理」とは、個々の主体のミクロ的・短期的・直接的には合理的な行為が、長期的・累積的には非合理的な帰結を伴うことであり、社会計画はそれを克服しようとする性格を持つ。

第二に、社会計画という発想は、単なる私的利益追求の集積としての圧力集団政治を乗り越え、社会的、長期的利益を志向し、社会全体にかかわる普遍性のある規範的理念（公正、福祉など）を実現しようとするものである。社会計画が理念的に提唱するものは、一部の利害集団の特殊な利害追求でもないし、ましてや社会計画の担い手たる行政組織の自己保存的利害でもない。

第三に、社会計画は社会への介入を社会認識と政策手段の方法的洗練のもとに遂行しようとする。一方で、研究調査機関の設立、社会システムについての合理的な知識の形成と蓄積、それにデータ面で対応する社会経済統計の体系的収集・整備や社会調査手法の洗練、他方で、政府・自治体組織の体系的拡充や個別問題領域に即した制度形成、金融面、財政面、情報面、教育面等にわたるさまざまな政策手段の整備がある。社会的目標の達成は、人々の熱狂を動員するアジテーションによるのではなく、目的／手段関係についての合理的な認識と計算に基づくものとなる。

もちろん、実際の社会計画がいつもこのような理念型的な性格を実現しているわけではない。現実には、社会計画に使用される社会認識の洗練は、表面的あるいは一面的なものに終わることはしばしばあるし、社会計画の目的設定や手段選択が、政権政党やその支持基盤である諸集団の党派的利害関心の介入によって、バイアスを伴うことがしばしばである。

だが、社会構想に含まれる社会変革への志向性を具体的水準で展開しようとする場合、それは、原理的に言って、社会計画によって実現しつくせるものではない。社会構想の具体化は、行政組織の担う社会計画に対して、一面で対抗的、他面で補完的であるような社会運動によっても担われるのである。

「社会運動」とは、諸個人が現に体験している（あるいは予想される）不満に基づいて、現存の社会制度や価値体系や規範や財の配分構造を変革しようとする集合行為である。それは、これら既存の社会構造の諸要素を変革しようとする点において、単なる圧力集団とは区別される。社会運動は、一方でその形成がどのような社会構造内の緊張に根拠を持つのかによって、他方でその志向する変革目標の設定のしかたによって、多様な姿を示す。

社会運動は、さまざまに分類可能であるが、本章の文脈における有意味な一つの区分は、「政治志向型社会運動」と「共助志向型社会運動」との区別である。政治志向型社会運動とは、その目指す社会変革を、第一義的には政治的決定権の掌握や政治的意志決定へ影響を与えることを通して実現することを目指すものである。「共助志向型社会運動」とは、その目的達成にとって、第一義的には、運動参加者間の協力関係や集団形成が鍵になるような運動である。例えば、公害反対の住民運動は、政治志向型の社会運動であり、生活協同組合運動は、共助志向型運動の典型である。労働組合運動には、両方の要素が内包されている。政治志向型社会運動は、その極北に、社会全体の変革をめざす革命運動を持つし、共助志向型社会運動が徹底的に追求された場合、労働と生活を共にする労働共同団体（フロム 1958）やコミューン運動が登場する。

2　市場、計画、社会運動の対抗性と相補性

さまざまな社会的問題の解決に対して、市場、社会計画、社会運動の三者の間には対抗性と相補性がある。市場メカニズムは生産と消費過程において、資源の効率的配分を実現するという長所を持っている。市場は自生的な社会システムの一つであり、その生命力の強さは旧ソ連・東欧圏諸国における市場の復活によっても例証されている。だが、市場メカニズムによっては、原理的に解決できないいくつもの問題があること、その意味での「市場の失敗」を避けられないことも周知の事実である。例えば、市場は、外部不経済のもたらす弊害を防止できないし、公共財の供給不足を帰結する。さらに市場は景気の安定も、弱者に対する継続的所得も保障しない。また市場は、さまざまな文脈で、財の配分格差を拡大する傾向を持ち、資源の有限性に対して社会の持続可能性も保障しない。

このような「市場の失敗」に対して、社会計画と社会運動の形成する社会制御システムが介入し、それを克服することが必要となる。歴史的に見れば、広義の社会計画の中に、成長政策的介入、社会政策的介入、地域政策的介入、環境政策的介入等の諸潮流を見いだすことができる。社会計画の役割は、市場の失敗を政策的介入によって克服しようとするところにある。だが、行政組織による計画も、

それ固有の問題解決能力の限界を持っている。これを「市場の失敗」と類比的な意味で「政府の失敗」あるいは「行政の欠陥」と言うことにしよう。ここで言う「政府の失敗」とは、予算の不足や準備不足のために、個々の政策目標の達成に失敗するという通常の意味での失敗ではない。それは、行政組織の本性に根ざした問題解決能力の限界と傾向的な欠陥のことであり、内容的には「格差と受苦への鈍感さ」（つまり、後述の意味での「被格差問題」と「被支配問題」への鈍感さ）、並びに、「自存化傾向」の生み出す諸欠陥のことである。

行政組織は、社会的格差や受苦に苦しむ人々の被る問題を当事者のように敏感に把握することはできないし、また、行政組織の企図の随伴的帰結として、格差の拡大と受苦の発生を、しばしば引きおこす。さらに、権力を備えた行政機構は自存化傾向を内包しており、民衆からの統御が欠如あるいは弱体化した場合には、次のような弊害をもたらす。それは、①個人の生活や行為に対する過剰介入と自由の否定、②社会的意志決定に関する独走化さらには独裁化、③行政組織による財の再配分が党派的になされ、特権的な閉鎖的受益圏を形成したり、社会的不平等の拡大や、さらには腐敗をもたらすこと、④行政組織それ自身がいったん設定した課題が、民衆の要求と無縁な形で自己目的化され追求されること、⑤行政組織それ自身の私的利害追求による機構の肥大化と硬直化、といった事態である。このような諸々の「政府の失敗」に対して、批判し是正するのが社会運動の役割である。社会運動は、行政組織と社会計画に対して、対抗的かつ補完的関係に立っている。

社会構想の現実化においては、相互に対抗的かつ相補的な諸価値を複合的に制度化するという課題に解決を与えなければならないが、その現実化の第一の基盤は、このような市場、計画、社会運動の対抗的かつ相補的関係にある。例えば、市場は自由と効率を、計画は平等と福祉を、社会運動は自己決定性と連帯を現実化する基盤となりうる。このことの意味をより厳密に把握するには、社会制御システムの両義性という視点が必要である。

3　社会制御システムの両義性――経営システムと支配システム

社会制御システムの中で社会計画と社会運動の占める位置を明確にするためには、社会制御システムの両義性という視点から、それらの特質を把握することが必要である（船橋 1980）。社会制御システムの両義性とは、〔第二章で示したように〕それが経営システムと支配システムという二重の性格を持つことを言う。これに対応して、行政組織は「統率者かつ支配者」という二重の性格を、社会運動の担い手である民衆は「被統率者かつ被支配者」という二重の性格を帯びている。経営システムとは、社会的需要や民衆の要求を反映した一連の経営課題群を、有限の資源を使用しながら、継続的に達成しているという側面において社会制御システムを把握したものである。他方、支配システムとは、財と意志決定権の配分の不平等構造という側面から、社会制御システムを把握したものである。財の不平等な配分構造は、閉鎖的受益圏の階層構造として、意志決定権の配分構造は政治システムとして把握できる。社会制御システムは経営と支配と異議申し立てとを同時に含む。

社会的な問題は、経営システムにおいては「経営問題」として、支配システムにおいては民衆にとっての「被格差・〔被排除・〕被支配問題」として立ち現れる。経営問題とは、複数の経営課題群を有限の手段や制約条件のもとで、いかに両立的に達成し続けるかという問題であり、その解決は、社会的需要を充足したり、人々の欲求の充足につながる。例えば、各種の公共サービスの改善や健全財政の維持は経営問題である。これに対して、被格差問題とは、閉鎖的受益圏の階層構造の下層の立場の人々（被支配者）から見て、財やライフ・チャンスの配分に格差があることが不当とみなされたものである。〔被排除問題とは、解雇や非自発的失業に見られるように、一定の受益圏からの排除やそれへの参入拒否が当事者から不当とみなされたものである〕。被支配問題とは、被格差問題の基盤の上に、なんらかの苦痛や被害が襲うこと（受苦性）、階層間の相剋性、受動性という特性が加わったものである。公害、職業病、労働災害、冤罪などは、被支配問題の典型である。

社会構想を具体化するにあたっては、経営システムと支配システムの両方に注意を向けるべきであって、この一方のみに注目し、他方に考慮を払わない構想は、その一面の限りではどんなに魅力的に見えようとも、他の面での欠陥や挫折を帰結するであろう。経営問題の解決を軽視してはならない。もしその解決に失敗するならば、さまざまな欲求の非充足が生ずるであろう。だが、経営問題の解決によってすべての問題が解決したかのような錯覚に陥ってはならない。被格差・〔被排除・〕被支配問題の解決が同時に必要であり、それに対する感受性を失ったとたん、社会的悲惨や不正が放置されることになるだろう。つまり、社会的問題解決においては、経営問題の解決と被格差・〔被排除・〕被支配問題の解決の両契機に絶えず注意が払われるべきであって、その一方を捨象してはならない。

一般的には、経営問題の解決努力と被格差・〔被排除・〕被支配問題の解決努力の相互関係には、問題ごとにそのつど、相互に促進しあう正連動と、相互に対立しあう逆連動という二つの可能性がある。

社会計画とそれを担う行政組織は、さまざまな社会制御システムにおいて、一般にその経営システムの契機における経営問題の解決に敏感に志向している。しかし、行政組織から見た経営問題の「最適な」解決努力が、民衆からの制約条件なしに実施された場合、被格差・〔被排除・〕被支配問題を逆連動的に引きおこす危険性が高い。社会運動の重要な役割は、被格差・〔被排除・〕被支配問題を回避あるいは解消するようにという民衆の要求を、行政組織に対して提出し、それを経営システムにおける経営課題へと転換させたり、財配分上の制約条件として尊重するようにさせることである。社会運動の課すこのような制約の枠組みがあってこそ、行政組織による経営問題の解決努力は、社会的に望ましい帰結を生む。両者の対抗的関係が問題解決に対して実り豊かな〔生産的な〕帰結を生む場合を、「対抗的分業」(cooperative problem solving by opposing actors) と言うことができる。権力に対する民主的統御、予期せざる負の随伴帰結の防止、自己批判能力を持つ開かれた社会構想の実現といった、社会構想にとっての原理的諸問題についての具体的解答は、このような文脈においてこそ探られるべきである。

4　変革努力の意味を把握する諸視点

社会制御過程についての以上のような把握に立脚すると、これからの社会変革の諸課題を整理し、それらの解決努力の意味と位置を把握するために、次のような諸視点を提出することができる。

第一に、市場、社会計画、社会運動の担当範囲の大小をどう定めたらよいのか。市場への信頼をベースにして政策的介入を抑制するのか、行政組織の積極的役割を期待するのか、社会運動にこそ問題解決の可能性を見いだすのか。

第二に、各問題領域を担当する社会制御システムの優先順序をどう設定するべきか。総体としての社会制御システムは、各問題領域を担当する複数の個別的な社会制御システムに分節される。例えば、経済制御システム、社会政策制御システム、環境制御システム等のように。これらの個別的制御システムは相互に交錯し、他の社会制御システムに対して、自らの要求を、経営課題と制約条件として内面化するように圧力を及ぼしあっている。このような交錯性の中で、例えば今日のグローバルな環境危機に対処するためには、環境運動の発展を基盤として環境制御システムを強化し、他に対する優先性を確立すべきであろう。

第三に、社会計画レベルでも各組織レベルでも、経営システムの大規模化と合理化の傾向が続いているが、それを通して形成される支配システムは、諸個人の生活と諸集団を包摂し、各主体の依存性を深めている。このような状況のもとで、民衆の自己決定性と対抗力をいかに確保し続けるのか。

第四に、さまざまな文脈で形成されている閉鎖的受益圏の階層構造に対して、平等化と開放性をどのようにして拡大できるのか。言い換えれば、人種や性やハンディキャップに起因する閉鎖的受益圏からの排除のメカニズムを、どのように克服できるのか。

この第三、第四の課題にとっては、公論形成の場の形成、社会運動の側からの対抗政策提出、そのための専門知識を集積する組織形成（NGO研究所、〔市民シンクタンク〕等）といったことが重要になる。また、共助志向型の社会運動の果たす役割も増大するであろう。「コミューン型」の社会構想を集団レベルで現実化することに近接した位置にあるのは、このような課題に取り組む、共助志向型の社会運動であろう。これに対し、第一、第二の課題への解答は、社会構想における「最適社会型」の契機の具体的姿を探る、という意味を持っている。

第三節　社会変革と個人の主体性

1　〈経験〉の深化と触発的変革力

社会構想が社会計画や社会運動を通して具体的に現実化し、社会を変革していく過程は、諸個人の主体的行為によって支えられている。では、諸個人の主体性の発揮と社会変革とは、どのように関係しているのであろうか。

今日、この問題を考えるにあたって、注目すべきは、一人一人の「解放の要求の進行」（森 1979：85）という事態である。一人一人の「解放の要求の進行」とは、近代社会の歴史の中で、基本的人権の尊重の要請として具体化してきたものであるが、それがさらに、徹底するということである。その含意は、一人一人の自己探究の欲求、あるいは本来性の探究の欲求がより大切にされることであり、個人生活についても、社会生活についても自己決定性への要求が強まることである。

このことは、人間的欲求の独特の構造との関係で、理解されなければならない（真木 1971b）。人間の欲求は、単なる生存のための「必要」に留まるものでもなく、また、生理的欲求、社会的欲求、文化的欲求につきるものでもない。それは、対自存在としての人間のあり方に対応する、他者との交流を求める欲求、創造を求める欲求、自己統合（アイデンティティ）を求める欲求という「対自欲求」の位相を持つ。経済成長の継続は、一面で、生活水準を向上させ、諸個人の営為を、生存の「必要」へと束縛することを緩和すると同時に、他面において、環境制約の切実化を通して、消費物質の量的増大と「望ましい人生」とを等置する発想が行き詰まる状況を生み出すようになった。そして、そのような変化に平行して、個人の「生活の質」「意味問題」「アイデンティティ」というようなキィ・ワードが、専門用語から日常用語へと変化しつつある。そのことは、これらの言葉で表現されるような関心の普遍化を示している。

「人間的欲求の理論」の見地から言えば、それは、「人生の道」において求められるものが、単なる生存の「必要」を超えて、より文化的な諸欲求や対自欲求の充足へと向かうことである。非営利組織（ＮＰＯ）や非政府組織（ＮＧＯ）の近年における成長、あるいは協同組合運動やボランティア活動の活発化の傾向は、社会システムの中で、企業や行政によっては、的確に取り組めない問題が増えていることを示すと同時に、これらの組織や運動の掲げる価値や目標の中に、意味問題の解決を発見しようとする人々、あるいは対自欲求の充足を実感する人々が増加しつつあることを示すものである。

一人一人の解放の要求の進行とは、森有正の言う意味での〈経験〉の深化の過程と言うこともできよう（森 1979）。ここで、〈経験〉とは、個人が、〈内面的促し〉に従って、何かをつくりだそうとし、その過程において直面する自己の内外の障害を克服しようとする過程で生み出され、堆積するものである。経験は、自己と異質な未知のものに対して開かれた感覚を備えていることによって、また、そこに自己批判の契機を含むことによって、異質なものとの接触に対して閉ざされ、自己批判の契機を持たない「体験」と区別される。経験の深化とは、自分の直面する等身大の問題に普遍性のある解決を与えようとする過程であり、各個人の本来性の探究の過程である。それはまた、〈冒険〉という性格を持ち、個人の〈変貌〉を生み出す。

およそある社会構想が現実化するのは、それが多数の人々の「解放の要求の進行」を共鳴基盤とし、多数の人々に支持されることによってである。それが可能になる基本条件は、多数の民衆の共有する切実な問題に対して、それが普遍性のある回答を提出することによってである。現実化する力のある社会構想は、各時代において一人一人の個人が直面する「等身大の問題」をよりよく解決しようとする努力とつながっており、それゆえ、一人一人の経験の深化の過程とつながっており、それらとかけ離れたところで具体化されうるものではない。言い換えれば、新しい時代を形成するような社会構想の誕生の経緯は次のように捉えられるべきであろう。ある時代の人々に広く共有されている問題があり、それを解決しようというさまざまな模索の中から、何らかの形で普遍性のある解答が提出され、それが人々の共鳴を呼び広く普及する時、しかもそれが社会全体の構成原理にかかわるようなものである場合、それは、時代の課題を解くような社会構想たりうる。同時にそれは、諸個人の経験の深化を通して、新しい価値が定義されていく過程でもある。

このような文脈に位置するのが、個人の主体性と社会の再組織化を媒介する鍵概念としての「触発的変革力」である。「触発的変革力」とは、ある主体の変革努力が、他の主体の同様の変革努力を連鎖的に触発し、その主体が見い出した問題解決方法や原則が、共鳴によって社会的に普及していくような変革力である。経営システムと支配システムのそれぞれの変革の文脈において、また、社会計画と社会運動のそれぞれの努力の中において、そのような触発的変革力を見いだすことができる。〔例えば〕、四大公害訴訟を契機として公害反対の世論が高揚し公害防止の政策が形成されるようになった過程とか、ゴミ問題改善のために沼津市で創始された分別収集が全国の自治体に波及した過程とか、有機農業運動の形成と普及の過程とかは、その好例である。

では、触発的変革力の成立条件は何か。第一に、広範な人々にとって、切実な懸案、難問が共有されていることである。それは解決の必要な切実な問題でありながら、解決の道を見い出すのが困難であるような問題である。第二に、そのような懸案に対して、誰かによって、「普遍性のある解答」が提出されることである。普遍性のある解答とは、同様の問題状況を持つさまざまな場面において問題解決に有効であり、その実施は特権的な条件を前提するものではなく、エートス（すなわち一定の倫理に根ざした行為様式や生活態度）あるいは意志さえあれば、どこでも可能であるということである。第三に、そのような普遍性のある解答が、他の同様の問題を抱えた人々に知られ、それぞれの場でその方法による問題解決が試みられることである。それによって、その解決方法は共鳴によって普及し、連鎖的に他の人々の変革努力を触発して行く。

「普遍性のある解答」の含意は、一般的に言えば、ある問題に関与するさまざまな利害関心を持つ諸主体にとって受容されうること、すなわち社会的合意形成を生み出すような説得力を持つことである。さらに、より限定された文脈において、普遍性のある解決策ということの意味をさまざまに定義することができよう。例えば、経営問題と被格差・〔被排除・〕被支配問題が逆連動している状況において、その両方を同時に解決するような方法は、その一方しか解決しない方法に比べて、より普遍性があると言えよう。また望ましい社会（あるいは制度）の状態について議論する際、ロールズの言う意味での「無知のヴェール」を前提として、すなわち、各人が自分がその社会（あるいは制度）の中のどこに位置するかを知らないという前提のもとで議論することは、望ましい社会状態とは何かについての普遍性のある解答を見いだす有力な手続きである（ロールズ 1979）。

だが、何が普遍性のある解決策かを、固定的に捉えることはできない。ある時代、ある場面において、どんなに優れた解決策であっても、固定的に絶対化されるならば、それは因習に堕してしまうであろう。解決策の普遍性の探究を、各個人の主体性との関係で考えるならば、それは、先述の意味での各個人の〈経験〉の深化という過程によって、支えられなければならない。歴史上の「キィ・パーソン」とは、本章の文脈では触発的変革力の源泉になったような個人のことであるが、それは、その個人にとっての経験の深化が、等身大の問題に対して普遍性のある解決を与えたことによって可能になるのである。

あるゆる社会構想は、固定的に絶対化されることによって教条主義化しうる。あらゆる社会制度は、時代の変化とともに、適切性を失うリスクを内包している。これに対して〈経験〉は、そのつどの現実に立脚しながら、既存の社会構想、社会制度を絶えず批判的に吟味することを可能にする。社会変革の試みの教条主義化と硬直化を防ぎ、それに絶えず普遍性を回復させようとする源泉は、このような意味での各人の〈経験〉にある。

2　社会構想と社会学

社会構想の現実化の条件をこのように把握するならば、諸個人にとって社会構想は次のような意義を持ちうる。それは、諸個人の取り組んでいる等身大の問題に対して、その歴史的な意義や社会の中の位置について巨視的な視点から理解を与え、普遍性のある解決の原則と方向を提示することである。その時、個人の実践は方向性のない利害要求にとどまるものではなく、社会全体の進路との関係において積極的意義づけを獲得しうる。このような展望に基づけば、社会構想と社会制御という課題に対して、社会学は次のような諸文脈で貢献しうると言えよう。

第一に、社会学は歴史学とともに、我々が、歴史の流れの中で、どこに在りどこに進もうとしているのかということのマクロ的な自己認識に貢献する。的確な社会構想の方向づけは、そのような自己認識を前提にする。第二に、社会学は、我々の抱く価値観や人生観、望ましい社会像を、我々の社会意識の存在被拘束性を解明する知識社会学的な視点や、さまざまな文化・社会を比較対照する比較社会学的な視点によって、相対化させながらその特質を自覚させる。第三に、社会学は、個々の社会的な問題の発生過程や解決過程についての、また、「意図せざる随伴帰結」についての実証的認識を提供する。〔それを通して、個別問題を扱う社会制御の努力において〕、どのような制度形成や問題解決原則が必要・有効であるのか、市場、計画、社会運動のどのような組み合わせが的確なのか、社会内の各主体の原理的な射程や限界は何なのか、等についての回答の発見に寄与する。社会問題についての社会調査から出発し、そこで得られる洞察を理論形成へとせり上げていくような方法こそ、社会学の発展の原動力であり、社会学が社会変革に具体的に貢献しようとする際には、まず選ぶべき道であろう。

第四章　社会学理論の三水準

はじめに

今日の社会学理論におけるパラダイムの競合の中で、社会学理論の確固たる論理的端緒を原理論の水準での考察を通して確保しようとする一つの試みとして、存立構造論がある。

存立構造論は社会学的な探究の論理的出発点に位置する問いを解こうとしてきた。その問いは、社会学において繰り返し問われてきた、社会と個人との原理的な関係いかんという問題領域に属するものである。存立構造論はこの問題領域に対し、「協働連関の媒介をめぐる主体性連関の逆転」という発想を軸にしてアプローチする。この発想に立って、既にいくつかの回答の試みがつみ重ねられてきた[1]。

けれども、社会学において存立構造論が理論として持つ潜在的な含意と展開力とは、未だ十分に引き出され結実しているとは言えない。また存立構造論が、具体性に密着している他の理論的研究や実証的研究に対して、どのような理論的な示唆や視角を提起できるのかということも、未だ十分に明らかにされてはいない。

存立構造論は原理論の領域に位置しているから、それをいきなり現実の分析に適用しようとしても、存立構造論の問題関心の鍵である「主体性」への関心を提供することとか、ごく限られた基礎概念によって、高度に抽象的な記述をすることしか可能にならない。またそのような適用の仕方はしばしば硬直した公式主義へとつながるであろう。けれども原理論的考察が自らの水準のみへと自己閉塞してしまうならば、その意義は半減してしまう。存立構造論によって獲得された問題感覚と鍵視座を積極的に生かしながら、より具体性に近づいたかたちで現実を捉えることが追究されねばならない。そのためにはなおなされるべき多くの課題が残されている。

本章の主題は、そのような課題の中でも、方法論的な論議の文脈においてまずなされるべき一つの課題、すなわち存立構造論から出発してより具体的な現実に接近するためには、どのような理論群を通過することが必要であるのか、ということを探究することである。

本章はこの主題を以下に示すような五つの課題に分割することによって、また社会学の理論水準の分節化と、分節化された諸理論の重層的な併用という方法によって、回答を試みようと思う。

ここで言う理論水準の分節化とは、さまざまな社会学理論を、その解こうとしている課題がいかなる質のものであるのかという観点から、すなわちより根本的な理論的視座の形成という課題を担うものなのか、それとも、より具体的な現象把握という課題を担うものなのかという観点から、複数の水準へと区分し、その上でそれら相互を論理的に関係づけることである。そして諸理論の重層的な併用とは、分節化された諸理論を、同一の対象の認識のために、相互に関係づけながら同時に使用することである。

さまざまな社会学理論の形式的性格を検討してみると、一方で、社会とは何か、社会はなぜ成立するのか、社会とそれを構成する要素的主体との関係はいかなるものか、等々の原理的問題群を追究することを通して、さまざまな対象の認識に関して汎通的に採用されるべき、骨格的、基底的な概念枠組の構築を目ざす努力がある。例えば存立構造論はそのような努力の一つであった。また初期パーソンズの探究した「ホッブス的秩序」の問題もこの文脈に位置している。他方、経験的データと密着しながら具体性の高い水準で、社会的行為や社会システムをめぐる法則性、規則性を、命題体系として整序することを自らの課題としている理論もある。たとえばR・K・マートンの提唱した「中範囲の理論」はそのような試みの一つである。

このような意味で、社会学理論にはさまざまな水準があり、水準の違いに応じて理論の抽象性〜具体性も変化する。存立構造論から出発しながら、より具体的な社会認識へと進むための戦略的な鍵は、このような理論水準の違いを生かすことであるように思われる。

では存立構造論を基底とした場合、どのようなかたちで複数の理論水準を分節化し、それらを重層的に併用したらよいであろうか。一般的な可能性としてはその仕方にさまざまのものが考えられるが、ここで提出したいのは、次のような三水準の分節である。それは、もっとも根底的な水準からより具体的水準にむかって、原理論としての存立構造論、基礎理論としての協働連関の両義性論、中範囲の理論、という三水準である[2]。

これらの三水準の理論の役割は何であろうか。それぞれの理論はどういう質の問題を解こうとしているのであろうか。これが本章の第一の課題である。

そのような水準ごとの問題のたて方の相異が明確になれば、次にそれらの三水準の理論の相互関係がいかなるものであるのかが問われるであろう。より具体的な水準の理論は、より基底的な水準の理論の提供する鍵概念や鍵視座を、どのように前提しているのだろうか。逆に、より基底的な水準の理論に、どのような条件や論理的契機が付加されることによって、より具体的な水準の理論が導出され展開されるのだろうか。これが本章の第二の課題である。

本章の第三の課題は、このような三水準の理論の相互関係を、中範囲の理論を焦点とした社会学理論の長期的発展プログラムの文脈で検討することである。マートンの提唱した〈中範囲の理論の累積的統合を通してのより一般的な理論の形成〉という長期戦略と、三水準の理論への分節という発想は、どのようにかかわるであろうか。とりわけ中範囲の理論とそれに隣接する両義性論とは、どのようにつながるのだろうか。

そして第四の課題として、三水準の理論のそれぞれの妥当性とはどういうことか、それぞれの妥当性の検証の仕方がどのように異なった手続きを必要とするのか、ということを考えてみよう。最後に、そのような異質性にもかかわらず、三水準の理論は現実の認識に際してどのように相補的であるのかを検討してみよう。これが本章の第五の課題となる。

第一節　存立構造論、両義性論、中範囲の理論

存立構造論、両義性論、中範囲の理論という三水準の社会学理論がそれぞれ担う課題はどのようなものであろうか。それは一言で言えば次のようなものである。原理論としての存立構造論は、社会認識にあたっての論理的な端緒にくるべきもっとも基本的な問いを解くことを、その課題としている。基礎理論としての両義性論は、社会把握のための基礎的な概念群及び複数の視座群を、系統的に提出する作業を担うものである。そして中範囲の理論は、データと密着した形で経験的法則性を説明し、記述することをめざしている。この三水準の理論の課題を順次、検討してみよう。

1　〔存立構造論の課題と特徴〕

原理論としての存立構造論が解こうとしているのはただ一つの問いである。それは、一般的に言えば真木悠介氏によって提起されたように、「『自由に』行為する具身の諸個人の実践的な関係の総体性が、一つの『自然的』社会法則ないしは社会的『自然法則』の体系としての独自の存在規格を獲得し、逆にその当の諸個人の意思を超絶して貫徹する対象的＝客観的な力として存立するにいたる機構の把握」[3]である。

このような問いのたて方は、経験的データとの直接的つながりを重視しながら社会学理論を構想する立場から見れば、社会学理論の枠に入らない問いとして、社会学理論としては偽問題であり、むしろ「哲学的」な問いであると位置づけられるかもしれない。けれども、存立構造論は、社会学的探究の出発点を基礎づけようとし、社会把握の基本的な視座群を確立しようとするという意味において、社会学の原理論の領域に位置している。

存立構造論の問題設定がなぜ必要であるかは、社会学の直面する社会の両義性に関する認識論的な難問から、まず理解されねばならない。周知のように社会学においては、社会を対象的《オブジェクティヴ》＝客観的な法則性、構造性を持つ社会システムとして捉える立場と、社会を諸個人の主体的《サブジェクティヴ》＝主観的な行為の集合として捉える立場とが、競合しながら共存してきた。社会学理論の多くは、それぞれこの意味での社会の両義性のうちから一面のみを選択し、その一面に関して有効であるような概念群と説明の論理を形成し洗練してきた。けれども、それぞれの社会学理論が現実の一面のみを抽出し、認識の射程を得ようとすればするほど、この社会の持つ両義的な存在性格の相互関係がいかなるものであるかということは、問いのこされていく。社会が諸個人の主体的＝主観的行為の集合であるならば、なぜ諸個人にとって外在的、拘束的であるような対象的＝客観的な社会システムが存立するのであろうか。逆に、社会が対象的＝客観的な社会システムであるならば、その内部に包摂されている諸個人の行為の持つ「自由」や「主体性」とはいかなる性格のものであろうか。社会学理論が徹底して展開されたならば必ず直面するはずの、このような認識論的な難問を解こうとするのが、存立構造論の課題なのである[4]。

このように認識論的文脈においては、社会の両義性の一面のみしかとりあげようとしないさまざまな社会学理論に対する批判意識が、存立構造論の問題意識を特徴づけている。と同時に、実践的な文脈においても存立構造論の問題意識は、現代社会に対する批判意識によって支えられている。それは、社会の対象的《オブジェクティヴ》＝客観的な機構化、官僚制化がかつてないほど昂進した現代において、その中の諸個人の運命がいかなるものであるのか、諸個人が社会機構との関係において感じる緊張感や拘束感や無力感の根拠がいかなるものであるのか、という問題関心である。存立構造論は、諸個人の主体性と対象的＝客観的な社会〔構造〕との緊張、相剋の問題を、ほかならぬ諸個人の主体的行為の中から、諸個人を超越する当の社会機構が生成、存立してくるという逆説的メカニズムに焦点をあてることによって、批判的に解明しようとするものである。

2　〔両義性論の課題と特徴〕

原理論としての存立構造論を前提にして、その次の基礎理論の水準で展開されるのが「協働連関の両義性論」[5]（以下では「両義性論」と略称する）である。両義性論の課題とは、存立構造論の論理展開の中から析出してくる社会の二重の意味での両義性を、より具体的な水準において捉えるような基本的な概念枠組を、体系的に展開することである。ではこの二重の意味での両義性とは何であろうか。

第一の意味の両義性とは、存立構造論がその出発点から一貫して問題視してきたもの、すなわち、社会の持つ、対象的＝客観的な社会〔構造〕という性格と、諸個人の主体的＝主観的な行為の集合という性格との両義性である。この二つの性格は一方が真に存在するものであり、他方がみかけだけのものであるというものではない。二つとも社会の持つ本来的な性格である。

第二の意味の両義性とは、存立構造論の論述の過程を通して析出してくる協働の契機と支配の契機との両義性である。これはより一般化して言えば、社会の持つ経営システムという性格と支配システムという性格との両義性である。社会を経営システムとして把握するということは、社会もしくはその一部分が、自己の維持のために充足が必要な経営課題群を、どのような構成原理や作動原理に基づいて充足しているのかという観点から、社会内の諸現象を捉えることである。他方、社会を支配システムとして把握するということは、社会もしくはその一部分が、意志決定権の配分すなわち垂直的政治システムのあり方と、閉鎖的受益圏の階層構造に関して、どのような構成原理や作動原理を持っているのかという観点から、社会内の諸現象を捉えることである。それぞれの観点から有意味な側面を現実から抽象することによって、経営システムと支配システムとが論定される。つまり両者は、特定のある対象が経営システムであり、他の対象が支配システムであるというような実体的な区分ではない。

このように存立構造論がその探究の中から提出する、対象的＝客観的な〔社会構造〕と主体的＝主観的な行為という両義性と、経営システムと支配システムという両義性とをクロスさせると、図4－1に示したように、四つに分節された社会学的対象を設定することができる。

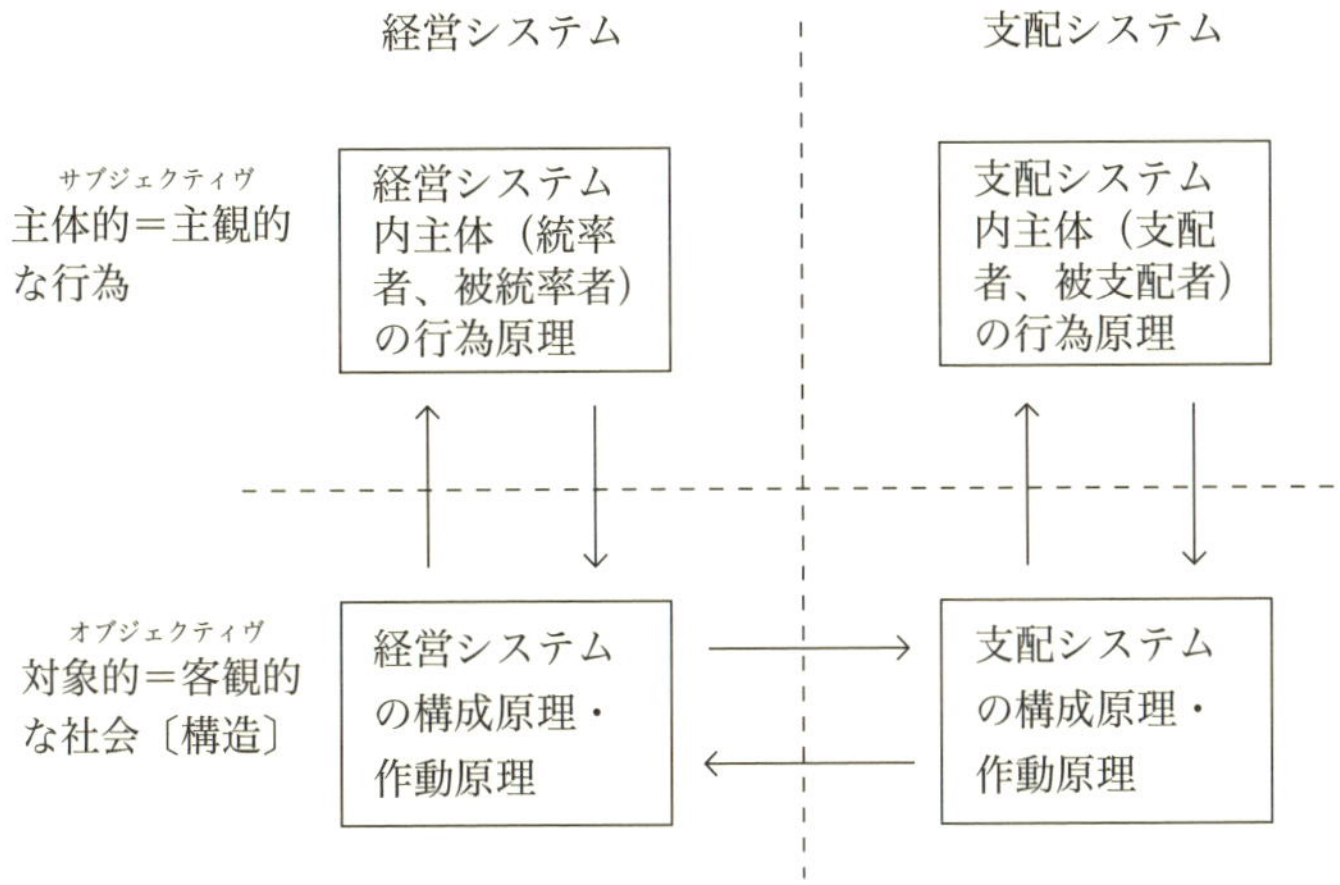

図 4-1　両義性論による社会学的対象の分節

すなわちそれは、経営システム、経営システム内主体、支配システム、支配システム内主体である。この四つの対象はそれぞれ異質な作動原理もしくは行為原理を持つのであり、それゆえそれぞれを説明するためには独自の概念枠組と説明原理が必要とされる。

　両義性論が担う課題は、経営システム、支配システム、経営システム内主体、支配システム内主体の四者を捉えるための基礎概念群を体系的に展開すること、これら四者の基本的相互関係がいかなるものであるかを解明すること、さらに、経営システム及び支配システムが現実に示す巨大な振幅あるいは多様性を捉えるために、両システムのさまざまな状相もしくは類型を明らかにすること、である。これらの課題に取り組むという意味において、両義性論は基礎理論である。

　両義性論が基礎理論であるということは、それが原理論としての存立構造論と、具体性に直結する中範囲の理論とを架橋する水準に位置することを意味している。両義性論は一方において、社会認識にあたってのもっとも基本的な視座群の設定の基礎づけの作業を自らは行わず、その点については存立構造論の成果に依拠することによって、原理論とは区別される。他方、両義性論は、経験的データに密着した形で法則性を捉える命題を体系的に展開するということまでは目ざしておらず、この点で、中範囲の理論とは区別される。

また、両義性論は基礎理論と言うべきであって、一般理論と言うべきではない。なぜなら一般理論はその理想的な姿においては、一連の命題群として定式化されるものであり、その一般的命題に特殊な条件を付加することによってさまざまな特殊理論を導き出そうとするものであるからである[6]。だが両義性論は、現実を把握するための用語の定義と洗練、及びそれらの体系化を目ざすものであり、特殊理論を演繹しうるような一般命題の定式化までを目ざしているわけではない。

それゆえ「理論」という語の意味をもしマートンのように、「経験的斉一性が導きだされるもとになる論理的に関連しあった命題群」[7]と定義すれば、両義性論は〈理論の前段階〉の作業として、つまり厳密には「理論」でないものとして性格づけられよう。けれども存立構造論と共に、両義性論も社会学理論の中に位置づけられるべきである。なぜならこのような作業があってこそ（後に見るように）、マートンの定義する意味での「理論」の体系化や統合化も可能となるのである。またこのような水準での努力の成果を理論と呼ぶことは、既になされたさまざまな社会学者の同様の仕事が理論と呼ばれうることからも不当ではあるまい[8]。

3 〔中範囲の理論の課題と特徴〕

では、両義性論よりも一歩具体性に近づいた水準で必要なのは、いかなる理論であろうか。そこに必要なのは、R・K・マートンが提唱した意味での「中範囲の理論」である。

形式的性格から見れば「中範囲の理論」とは、マートンが説明したように、「日々の調査の間にうんと出てくる、ちょっとした、しかし必要な作業仮説と、社会行動、社会組織、社会変動などについて観察されたすべての斉一性を説明しようとする統一的理論を展開するための、いっさいを包括した体系への努力との中間にある理論である」[9]。言い換えると「中範囲の理論はそのレッテルが示すように、社会現象の局限された側面を扱うのである。たとえば、準拠集団の、社会移動の、役割葛藤の、社会規範形成の理論というように」[10]。その担う課題の内容から見れば、中範囲の理論がめざすのは、社会現象の局限された側面の示す法則性を経験的データに接続する形で、記述し説明するような一連の命題群を構築することである。

この「中範囲の理論」の課題が、いかなるものであるかは、具体性に密着した調査研究との対比で、より明確になるであろう。経験的な調査研究においては、理論化への努力は「作業仮説」や「経験的一般化」という形で現われる。だがそれらがただちに中範囲の理論になるのではない。マートンは、次のように説く。作業仮説とは、一定の事実に出会った時、さしあたり思い浮かぶようなあれやこれやの説明であり、それはまだテストされたものではない。それは、「日常われわれが皆使っている常識的手続以上にはほとんど出ないものである」[11]。これに対し、「どの中範囲の理論も、単なる経験的一般化――二つ、ないしそれ以上の変数間の観察された斉一的関係を要約した、ばらばらの命題――以上のものである。一つの理論は仮説群から構成されていて、経験的一般化それ自身はそこから導きだされたのである」[12]。

つまり、完成された段階においては、一つの中範囲の理論は、公準群とも言うべき一定の仮説群をその核心に持ち、その公準群から論理的に演繹できる形で、多数の「経験的一般化」命題を体系的に配列するという形をとらねばならない。マートンの定義する意味での「理論」という名がふさわしいのは、そのような形式にまで洗練されてこそである。

このように経験的調査研究や経験的一般化と、中範囲の理論とは異なるものであるけれども、他方でマートンが強調しているように、両者の関係は密接で相互依存的である。「中範囲の理論は抽象化を含んではいるが、それらの抽象化は観察データに密着しているので、経験的検証の可能な命題の中へ編みこむことができる」[13]。理論でありながら、経験的な観察に密着し、経験的事実としっかりとかみあっていること、これが理論の備えるべき条件として、マートンの固執した点である。このような中範囲の理論の第一級の労作の例としてマートンが言及しているのは、E・デュルケムの『自殺論』とM・ウェーバーの『プロテスタンティズムの倫理と資本主義の精神』である[14]。この両著作は、中範囲の理論という性格づけだけではくみつくされないそれ以上の豊富な内容を持つものであるけれども、中範囲の理論という文脈においてもその代表的位置にくることは確かである。

中範囲の理論は、一方で、経験的規則性を捉える命題群の形成をめざすことによって、社会を捉える複眼的な基礎視角群と基礎概念群の整序と定義を主要な課題とする両義性論とは、区別される。他方で中範囲の理論は、経験的規則性を捉える際に公準群としての体系性を持つことによって、単に斉一性を断片的に記述するだけの「経験的一般化」とは区別される。このように性格づけられる中範囲の理論は、存立構造論から出発し、両義性論を経つつ現実にアプローチしようとする時、もっとも具体性に近い水準に位置すべき理論として不可欠のものである。

以上が、三水準の理論はどういう問題に取り組むものなのかという、本章の第一の課題に対する答となるであろう。

第二節　三水準の理論の相互関係

では、原理論としての存立構造論、基礎理論としての両義性論、中範囲の理論という三水準の理論はどのような関係にあるのだろうか。三水準の理論の間にある二つの隣接面に即して検討してみよう。

1　〔存立構造論と両義性論の関係〕

まず原理論としての存立構造論と基礎理論としての両義性論は、どのような関係にあり、どのような意味において相補的なのだろうか。端的に言えば、存立構造論は両義性論の出発点を基礎づけるものであり、両義性論は存立構造論の限界をのりこえるものである。

両者の第一の関係は、両義性論の出発点が存立構造論の成果に依拠し、両義性論が理論形成にあたって採用する戦略的視座群が、存立構造論によって提供されるという点である。この意味で、存立構造論の到達点は両義性論の出発点を基礎づけている。両義性論における二重の意味での両義性への注目は、恣意的、偶然的に発想されたものではなく、存立構造論から論理内在的に提出されたのである。社会学において、社会を捉えるための基本的概念群を体系的に定義するという意味での基礎理論の形成は、一般にはさまざまに構想しうるのであり、「協働連関の両義性論」はその一つにすぎない。基礎理論としての両義性論の独自性は、その概念体系の構築が存立構造論によって方向づけられていることである。なぜ両義性論が、経営システムと支配システムという両義性と、主体的行為と対象的社会〔構造〕との両義性という戦略的視座を採用し、この方向に沿って概念枠組を展開するかということの答えは、原理論としての存立構造論が与えているのである。もし存立構造論による基礎づけがなければ、両義性論によって採用された異質な視座群は、相互に疎遠なものにとどまり、内的な関連性を持てず拡散してしまい、そのような形で基礎理論の視座を設定するのは恣意的なものではないかという批判を、免れないであろう。

だが両義性論は存立構造論に対して、単に依存的、消極的な位置にとどまるものではない。両者の第二の関係は、存立構造論の持つ潜在的な展開力を十分に引き出し具体化していく第一歩が、両義性論だという点である。原理論としての存立構造論は、より具体的な現実へと接近するためには、基礎理論としての両義性論を自らの上に重層化することを必要とする。この意味で、両義性論は存立構造論の限界をのりこえていく理論である。つまり両義性論は、存立構造論において萌芽的に提出されていたにすぎないさまざまな論点と視座を継承的に発展させ、その潜在的含意を十分に展開するという積極性と独自性を持つものである。その展開の作業は、存立構造論から形式論理的に演繹されうるものではなく、基礎理論としての両義性論の水準において、固有に行われなければならない。両義性論の中で数多くの概念群が新しく創出され、存立構造論の提出した論点は彫琢を加えられていく。組織領域に即して、存立構造論で提出された論点と視座が両義性論においてどのように展開されるかを検討してみよう。まず、存立構造論の論脈の中で把握された「協働を通しての享受」の過程は、両義性論においては経営システムの作動過程として、複雑性と創発的特性を伴ったものとして捉えられるようになる。そして、ホメオスタシス、経営課題、トレードオフ、制約条件、等の基礎概念が提出される[15]。次に、存立構造論において捉えられた支配者（統率者）と披支配者（被統率者）との間の主体性の逆転と、力関係の格差の発生、すなわち支配関係の成立という主題は、両義性論においては、垂直的政治システム論としてより詳細に展開される。存立構造論が支配者と被支配者との原理的な関係を、その生成の論理において解明しようとしたのに対し、両義性論は、両主体が支配関係の中で具体的にどう行為するのか、あるいは垂直的政治システムの作動原理がどのようなものであるかを捉えようとする。その把握のために、両義性論は、支配者と被支配者との間の正当性の共有の程度、両主体間の力関係、被支配者層内部の連帯の程度、等々の鍵概念を設定する[16]。

そして、存立構造論が提出した「拡大された主体性」という主題、すなわち協働過程の成果として生み出される価値が創発的な剰余価値を伴っているという主題は、両義性論においては、協働の成果たる価値（補注1）の配分がいかに不平等に構造化されるのかという問題として、すなわち、支配システムの一契機としての「閉鎖的受益圏の階層構造」の形成の問題として展開される17。

さらに存立構造論において提出された、意志決定の質や視野に関する統率者と被統率者の相異の問題は、両義性論においては、パーソナルリアリティーにおける階層間の問題定義の差として、より豊富な内容を与えられる。すなわち、支配者（統率者）のパーソナルリアリティーを記述するために「経営問題」、「支配問題」が、被支配者（被統率者）のそれを捉えるために「被格差・〔被排除・〕被支配問題」が、それぞれ鍵概念として設定される18。

このように両義性論は、存立構造論が提出した論点と視座をより具体的な理論水準において展開するという、存立構造論のなしえなかった課題を果たし、そのことによって、存立構造論の潜在的展開力を顕在化させ、その有意義性を間接的に立証するものである。

以上のような二つの意味において、原理論としての存立構造論と基礎理論としての両義性論とは相補的である。

（補注1）ここでの「価値」という言葉は本書の第二章では「財」という言葉におきかえられている。

2 〔両義性論と中範囲の理論の関係〕

では、基礎理論としての両義性論と、より具体的水準にある中範囲の理論とはいかなる関係にあるのであろうか。端的に言えば、両義性論からより具体的に現実にアプローチするためには、マートンが言う意味での中範囲の理論をその上に重層化することが必要なのであり、他方、両義性論は、さまざまな中範囲の理論の妥当する対象あるいは活躍すべき場を、明らかにするものなのである。

基礎理論としての両義性論の限界は何であろうか。それはひとくちに言えば、データに密着した具体性の高い水準において経験的法則性を捉えるような命題の展開には、まだ踏みこまないという点である。両義性論は存立構造論に比べれば、より具体性の高い水準に位置しており、現実にアプローチするための概念もはるかに豊富である。だが両義性論は、複数の視座群を定位し、それぞれの文脈における基本的概念群を整理することにまず志向している。例えば両義性論は、垂直的政治システムがとりうる状相を「抑圧的排除」、「対決」、「交渉」、「協調」（補注2）という概念群によって体系化する[19]。けれども、個々の状相において行為や意志決定の法則性がどのように見出されるか、一つの状相から他の状相への移行についてどのような法則性があるのか、といった問題の解明までは、両義性論は立ち入らない。また両義性論は、組織レベルの経営システムには企業、官庁、政党、学校等の類型があることを示唆するけれども、それぞれの経営システムの作動の法則性がどのように異なるのか、といった点までは解明しない。

ここにおいて必要となるのが、マートンの言う意味での「中範囲の理論」である。中範囲の理論は、社会現象の局限された側面において見出される法則性を命題群の形で捉えようとするものであるから、両義性論の守備範囲の限界を超えた課題を果すものである。中範囲の理論は、存立構造論から出発し、両義性論を経て、現実に近づこうとする理論的努力を完結させるべき地点に位置している。

（補注2）本書第二章では「抑圧的排除」「協調」という表現を少し変更して、「抑圧・隷属」「忠誠・協調」としている。

では逆に、中範囲の理論にとって、両義性論とはいかなる意味を持つのであろうか。つまり、両義性論が中範囲の理論に提供するものは何であろうか。端的に言えば、それは第一に、中範囲の理論が捉えようとする法則性の根拠づけであり、第二に、さまざまな中範囲の理論が活躍すべき場の明示と限定である。一般に社会の中での諸個人の行為の仕方や、さまざまな社会組織がシステムとして持つ構成原理と作動原理は、きわめて多様な姿を示すものである。それゆえ、なんらかの形での対象の限定なしには、社会学的な法則性の発見はほとんど不可能である。中範囲の理論が「社会現象の限定された側面」を扱うという方針をとるのは、そこに属する諸対象に関しては、主体の行為原則にも社会システムの作動過程にも何らかの共通の要因があり、それゆえ法則性を発見しやすいはずだという想定に基づくからである。

社会現象のさまざまな側面の限定のしかたには、さまざまなやり方がありうる。両義性論が中範囲の理論にとって大きな意味を持つのも、この社会現象の側面の限定という文脈において一つの展望を提出する点である。両義性論は現実のとりうる巨大な振幅を捉えるような体系的な仕方で、社会現象のさまざまな側面を区分、限定し、配列している。すなわち両義性論は、経営システムと支配システムとを区分し、さらにこの両システムが示すさまざまな状相や類型を区分する。同時に両義性論は、経営システム内の主体（統率者と被統率者）と支配システム内の主体（支配者と被支配者）とを区分し、システムの状相の差異による主体の行為原則の差異を区分する。このようなさまざまな区分の内部においては、社会システムの作動原理や主体の行為原理に、一定の斉一性が存在する。これが、中範囲の理論の形成の手がかりとなるのである。

同時にこのことは、両義性論がさまざまな中範囲の理論に対して、それぞれの登場すべき場、あるいは妥当すべき対象を明示するという役割を果たすような理論の一つであることを意味している。言い換えれば、現実のどういう文脈あるいは側面に対しては、どの中範囲の理論（さらには一般理論を志向する理論）が採用している説明原理が有効であるのかを、両義性論は系統〔的に位置〕づけようとするものである。例えば両義性論の立場から見れば、社会システムの作動過程についての機能主義的な説明や、組織についてのコンティンジェンシー理論[20]は、協働連関の両義性のうち経営システムの文脈においてこそ、まず射程を持つはずである。また、H・A・サイモンの研究した「制約された合理性」や「許容原理」によって特徴づけられる主体モデルは、経営システム内主体に関する分析枠組である[21]。そして、M・ウェーバーの支配の諸類型とその相互移行（たとえばカリスマ的支配の官僚制化）の分析は[22]、支配システムの構成原理と作動原理を対象にしている。さらに交換理論やゲームの理論や集合行動論[23]がすぐれて有効性を持つのは、支配システムの一契機としての（垂直的）政治システムにおける主体の行為原理の解明、という文脈においてであろう。

それゆえ両義性論は、一つの中範囲の理論が、その本来妥当しうる領域を超えて過剰に拡大適用されることに対して、批判を提出する。両義性論から見れば、経営システムに関してこそ妥当性を持つ説明原理を、支配システムの領域にまで拡大適用してもピントはずれとなるし、逆に支配システムの把握にあたって鍵となる視角や概念枠組を、そのまま経営システムに転用しても、良い結果が得られないことは明らかである。

以上が本章の第二の課題すなわち三水準の理論の相互関係がいかなるものであるのか、という問いへの答えとなるであろう。

ところで第二節で考察してきたように両義性論がさまざまな中範囲の理論を位置づけうるということは、より一歩進んで、中範囲の理論の累積的統合という長期的課題に対し、両義性論が一つの答えを提出するということをも含意している。個々の中範囲の理論について言えば、それぞれは両義性論を全く想定しなくても構築できるものであり、両義性論は不可欠のものではない。けれども、中範囲の理論という立場の長期的、総体的な企図との関係においては、両義性論は無視しえない重要な意義を持つように思われる。このことをより詳しく検討してみよう。

第三節　中範囲の理論の「統合」と両義性論との関係

中範囲の理論の累積的な統合という長期的課題に対して、両義性論はどのように貢献できるであろうか。

この問いを次のような問題群に分節しながら検討してみよう。まず、「中範囲の理論の累積的な統合」という課題設定は、社会学理論の発展にとってどのような意義を持っているのだろうか。この「統合」とはどういうことを指すのだろうか。統合への努力はどういう困難さにぶつかるであろうか。その困難さをどうやって克服したら良いであろうか。その際、両義性論はどういう意味で貢献しうるであろうか。

1　〔中範囲の理論の長期戦略〕

まず、長期的な社会学理論の発展という文脈において、「中範囲の理論」という水準での研究努力がいかなる積極的意義を持っているかを、R・K・マートンに即して再確認しておこう[24]。

中範朗の理論の水準で事実上研究を進めてきた社会学者は、マートン以外にも多数にのぼる。その中でマートンがきわだっているのは、「中範囲の理論」の水準での研究こそが、一般理論志向と個別的実証研究志向という形での社会学的努力の両極分解に対する、もっとも確実な克服策として積極的意義を持つことを主張し、しかも、「中範囲の理論」が同時に社会学理論の体系化のためにもっとも有望な長期戦略であることを唱え、その自覚化を社会学研究者に求めたからである。マートンは、包括的な体系性を持った社会学理論の形成という長期目標のためには、「中範囲の理論を展開し、それを定期的に整理統合する」[25]という慎重で息の長い戦略を採るべきだと主張し、パーソンズらの一般理論を早急に形成しようとする野心的な努力に対して、アンチ・テーゼを提出した。この点から見ると、中範囲の理論とは、一般理論に取り組むほどの自信と才覚を持てない者が取り組むのにちょうどよい大きさの課題というような、消極的なものではないことが明白となる。

しかもマートンのこのような主張が魅力と説得性とを兼ね備えたものとなっているのは、それが科学方法論と科学史についての該博な知識によって裏づけられているからである。マートンは社会学に限らず他の数多くの分野にわたって、中範囲の理論と本質的に同一の方法を提唱した先人たちとして、プラトン、ベーコン、J・S・ミル等の主張を紹介すると共に、医学や物理学といった先進科学が数百年にわたって進歩してきた過程を説明することによって、それを自己の主張の例証と根拠にしている[26]。

つまり科学史の領域で蓄積された豊富な知識を、社会学方法論の領域に転用し展開するという手続きによって、中範囲の理論という主張は支えられている。数百年という長期の視野で大局的に科学の発展史を観察してみると、大切なのは多数の人々の努力が累積し、しだいに理論の一般性と深さが増していくことである。累積的な一歩ずつの進歩をとびこえて理論体系を完成させるような天才はありえない[27]。このような観点から、もっとも成功してきた先進科学の発展の経路を方法論的に整理して表現すれば、中範囲の理論の漸次的統合によるより一般的な理論の形成、という戦略が提出される。このような科学の発展史についての反省を根拠としているがゆえに、マートンは中範囲の理論という戦略を確信をもって主張すると同時に、一人一人の研究者のなしうることに対してきわめて謙虚な態度をとっているのである。

2〈中範囲の理論の問題点〉

けれどもマートンの提唱にもかかわらず、少なくとも現時点において、マートンの戦略が社会学理論の探究の方向づけについての主要な潮流になっているとは言いがたい。中範囲の理論という方向づけの一見した魅力と確実性にもかかわらず、マートンの期待ほどにはこの立場が普及しないのはなぜであろうか。その理由を、マートンの提唱以来の時間の短さ、社会学者の人数や能力、研究予算の大小といった理論外在的な要因によって説明するのではなく、理論それ自体の文脈で考察してみよう。マートンの提唱自体に、どのような方法論的問題点がひそんでいたであろうか。

注目すべき論点として、第一に、中範囲の理論が法則定立的アプローチの文脈に位置していることの問題性、第二に、中範囲の理論と原理論の領域での社会学的問題との距離あるいは異質性、第三に、説明原理についての沈黙、第四に、「統合の道」が不明確なこと、を列挙できよう。このうちはじめの二つの論点は、マートンの立論の文脈に対して外在的な批判であり、後の二つは内在的な批判である。

中範囲の理論に対する第一の外在的批判は、中範囲の理論が法則定立的アプローチの文脈で提出されており、個性記述的アプローチに関してはっきりした指針を与えないことに関するものである。個性記述的アプローチの中にこそ、重要な社会学的課題があると考える者にとっては、中範囲の理論が提唱するような形での社会学的研究の方向づけは、もの足りないものと映らざるをえない。

例えば数多くの社会学者は、現代社会の歴史的、個性的な姿を具体的に把握することに関心を持ち、そこに知的努力を傾注してきた。そして例えば、市民社会論、大衆社会論、イデオロギーの終焉論、産業社会論、脱工業社会論、情報化社会論、管理社会論といった形での現代社会論が試みられてきたが、これらは原理上、中範囲の理論のかなたにある課題である。中範囲の理論が取り組んでいるような「社会現象の限定された側面」についての法則定立的な研究から、どのようにして一つの全体社会を捉えるような個性記述的アプローチに移行し、それを展開したら良いのであろうか。中範囲の理論はこの点についてては積極的な自己主張を示していないように思われる。このことがその普及にとっては一つの壁となるのである。

第二の問題は、経験的調査↓経験的一般化↓中範囲の理論という方向で思考を進めるという、中範囲の理論の構築の手続きの中に、社会学における理論的課題のすべてが必ずしも登場するわけではない、という点である。すでに第二節で見てきたように、社会学理論の解明すべき問題群の一部には、原理論的問題群とも呼ぶべき問題群がある。それは社会を把握するにあたって、もっとも基本的な発想、視角、概念群をいかに整理し根拠づけるかという問題群である。存立構造論の取り組んできた問題もここに位置していた。

ところが原理論的問題群の提出とそれへの解答という課題は、中範囲の理論の構築作業とは異質の努力や発想を必要とし、問題の質そのものからして中範囲の理論とは乖離している。それゆえ原理論的問題群に主要な関心を持つ者から見れば、中範囲の理論は、取り扱いうる問題の質という点から見て、自己の方法の中心軸にはなりえない。このことは、自己の研究の中心的方向づけにあたって、中範囲の理論以外のものを求める社会学徒が数多いことの、もう一つの理由となっている。

では以上のような外在的限界によって限界づけられた範囲内では、すなわち法則定立的アプローチの文脈で、経験的データに密着した形で法則性を発見し命題体系に編纂していくという課題の内部においては、中範囲の理論はいかなる難点にもぶつからないであろうか。

ここで第三に、理論内在的に指摘しなければならないのは、中範囲の理論という立場は、理論の抽象性〜具体性、あるいは一般性〜特殊性という文脈における形式的な内容に関する規定であり、理論の実質的内容をなす観点及び説明原理に関してはいかなる特定の立場をも提唱するわけではなく、それを空白のままに残していることである。

たとえばマートンの称揚するウェーバーの『プロテスタンティズムの倫理と資本主義の精神』やデュルケムの『自殺論』が卓越していることの根拠は、中範囲の理論という形式的性格よりも、それぞれの観点と説明原理が内容的にすぐれた射程を持つことに、まず求められるべきであろう。ところが中範囲の理論という方向づけは、価値関心や説明原理に対しては沈黙しており、何らの具体的内容的指針を与えない。これは中範囲の理論の強さであると同時に弱さでもある。

個々の社会学徒にとっては、理論の形式的性格の妥当性よりも、いかなる観点と説明原理に基づいて現実にアプローチするのかということが絶えず切実に問われる以上、中範囲の理論という方向づけは、この点でもの足りないものとなってしまう。

マートン自身は微視的機能主義の説明原理に立つ中範囲理論をいくつも発表したが[28]、この両者の間には、必然的なまた排他的な一対一の関係はない。つまり中範囲の理論はさまざまな観点と説明原理に対して開かれているのであり、この語に含まれる「理論」という言葉は、例えば交換理論とか機能主義理論とかとは違って、特定の説明原理を含意していない。それゆえ説明原理に関しては相互に異質な無数の中範囲の理論が提出されうる。説明原理に関しては中立的であるという、中範囲の理論の形式的性格は、内容的にはそれぞれ多様な説明原理に立脚したさまざまな理論の並存という帰結をもたらす。

このことより、複数の中範囲の理論をはたして、またいかにして統合しうるかという第四の問題点が理論内在的に提出される。複数の中範囲の理論を統合するということは、一つの確実な中範囲の理論を作るということとは、次元を異にする課題である。いったい複数の中範囲の理論の統合という作業は、それらが異質な説明原理に立脚する時、いかなる手続きでなされうるのだろうか。それらを統合する理論とはいかなる性格のものであるのだろうか。マートンは「経験的一般化」と「中範囲の理論」との区別には細心の注意を払っているにもかかわらず、「複数の中範囲の理論の統合」とはどういうことなのかについては、突きつめた説明をしていないように思われる。「統合」をいかにして推進するのかということの掘り下げた究明が欠けていることが、〈中範囲の理論の漸次的統合によるより一般的な理論の形成〉というマートンの戦略の普及、実現を妨げている大きな原因であろう。

3 〔「狭い意味での理論の統合」とその困難さ〕

では、この統合という課題に直面した時、中範囲の理論にはいかなる選択肢が開けるのだろうか、それぞれの帰結はいかなるものであろうか。

「中範囲の理論の統合」という時、まず想定されるのは、より一般的な説明力を持った一つの新しい説明原理によって、それまで異質の説明原理によって形成されていた複数の理論を同時に包摂することである。これを「狭い意味での統合」と言おう。この意味での理論の統合とは、公準群という用語を使えばこうも言えよう。公準群αを持つ理論aによって現象Aが説明され、公準群βを持つ理論bによって現象Bが説明されているが、理論aによっては現象Bを説明できず、理論bによっては現象Aを説明できないという場合を想定しよう。この時にA、Bを共に説明しうるような新しい理論Cが新しい公準群γに立脚して作られれば、理論は統合され発展したと言えるであろう。例えば物理学において、光についての波動説と粒子説との対立が、量子力学という新しい説明原理によって止揚され統合されたのはその一例である。

このように一組の公準群を形成し、その射程をより包括的なものへと拡張し洗練していくという狭い意味での統合が、社会学理論の発展の経路のさまざまな場所で必要であることは明らかである。ここに中範囲の理論の進むべき一つの選択肢が立ち現われる。それは、諸理論の累積的統合をあくまで単一の包括的説明原理の構築と表裏一体となったものとして構想し、究極的には単一の説明原理を持つ一般理論の形成を目ざす立場である。

では社会学は、中範囲の諸理論からこのような狭い意味での統合をくりかえすことによって、そのような一般理論を作り出すことができるであろうか。

しかしそのような企図は著しい困難にぶつからざるをえないであろう。なぜなら社会学の中に含まれる多種多様な観点と説明原理のほとんどすべてが、中範囲の理論という形式の中に登場しうる以上、そのような多様性をすべて包括するような一般性を持った単一の説明原理を、遠い将来であれ提出できるとはとうてい考えられないからである。無理にそのような単一の説明原理を提出しようとしたら、さまざまなこじつけや歪曲を生んでしまうであろう。これはどのような形であれ一般理論を志向する努力が、多かれ少なかれ突きあたる困難である。

ではもう一つの選択肢として、異質な説明原理に立脚する複数の中範囲の理論がぶつかりあって狭い意味での統合が不可能な場合、両者をそのまま無関係に並存させておけばよいのであろうか。だがそのような形で統合への努力が停止するならば、それはマートンの提起した理論研究上の長期的目標を放棄することになってしまう。

このように理論の統合ということを、単一の説明原理による諸理論の統一という意味に限ってしまえば、あまり生産的でない選択に陥ってしまう。つまり強引な一般化志向によってさまざまな説明原理を過度に単純化してしまうか、それとも異質の説明原理に立脚する複数の中範囲の理論を無関係に並存させておくのか、という行きづまりである。この行きづまりを打開する第三の道はないであろうか。

4 〔「広い意味での理論の統合」の可能性〕

ここで必要なのは、理論の統合ということを次のようなより広い意味に解することである。それはそれぞれ異質な説明原理に立脚するさまざまな型の中範囲の理論を保持したまま、より広い理論的展望の中で、それぞれのいわば「出番」を明確にし、相互に関係づける、という意味での統合である。

言い換えれば、この「広い意味での統合」とは、複数の異質な中範囲の理論が存在する場合、各々の理論を構成する視座と基礎概念群が、現実をどういうふうに切り取る限りで妥当するかを吟味すること、そして複数の理論の現実へのアプローチの仕方、現実の切り取り方が、相互にどういう関係にあるのかを明らかにすることである。

基礎理論としての両義性論が中範囲の理論にとって大切であるのは、この広い意味での統合という文脈においてである。第二節で見たように、両義性論がさまざまな中範囲の理論を位置づけうるということは、中範囲の理論の側から見れば、自らの長期的統合の基盤を両義性論が提供することを意味している。両義性論は、さまざまな中範囲の理論の持つ複数の公準群がそれぞれ妥当する対象領域と前提条件がいかなるものであり、どのような相互関係にあるかを、より根底的な水準での考察によって明確にするのである。

もちろん両義性論は基礎理論の水準における一つの試みにすぎないし、両義性論がこの意味で「統合」しうる範囲は、中範囲の理論の総体に対しては、ごく一部にとどまる。だがこのような基礎理論としての両義性論と中範囲の理論との関係は一般化することが可能である。一般化して言えば、基礎理論の水準に存在するさまざまな理論は、それぞれの担当する領域の中の一定の中範囲の諸理論に対して、この広い意味での統合の基盤となりうる。

このように「理論の統合」ということを広い意味に解し、中範囲の理論よりも根底的な基礎理論の水準に、その統合の基盤を求めることによって、マートンの提唱した、中範囲の理論の累積的な統合を通しての社会学の発展という長期戦略に、新しい可能性を付与することができよう。

以上の本節で考察したことの要点を確認しておこう。

第一は、社会学の長期的発展にとって、中範囲の理論の累積的統合というマートンの方向づけが、積極的な意義を持っていること、そしてその主張の説得性が、科学史の知識によって裏づけられているという点である。

第二は、にもかかわらず、中範囲の理論の普及は理論内在的にいくつかの難点に突きあたること、とりわけ肝心の「統合」の意味や手続きについての解明が、マートンにおいて不足していること。

第三は、理論の統合ということには、狭い意味と広い意味との二つが考えられること。

第四は、中範囲の理論の広い意味での統合に対して、両義性論が（そして一般化すれば基礎理論の水準にある諸理論が）その基盤を提供するという重要な貢献を果たすことである。

これらが、本章の第三の課題に対する答えとなるであろう。

第四節　三水準の理論の質的差異と相補性

1　〔三水準の理論の妥当性の意味と妥当性の判断基準〕

原理論としての存立構造論、基礎理論としての両義性論、中範囲の理論という三水準の理論は、第一節で見たようにそれぞれ異質な課題を担うものであり、同時にそのことによって第二、三節で見たように、相互に他の水準の理論を支えあうものであった。このような三水準の理論の問いのたて方の異質性は、それぞれの理論としての性格をどのように異なるものにしているであろうか。つまりひとくちに社会学理論と言っても、理論としての妥当性の吟味の仕方、経験的データとのつながり方、論証の仕方が三水準の理論の間でどのように違っているのであろうか。いわば理論としてのスタイルのちがいを、次に考察してみよう。

まず理論の妥当性とはどういうことかということが、三水準の間で異なっている。理論の妥当性ということの基準は、中範囲の理論においては理論命題の経験的な真偽の問題としてある。経験的データと照らしあわせて、真なる命題を提示する理論が妥当な理論であり、そうでない理論は妥当性を持たない。それゆえ、中範囲の理論においては社会現象の示す経験的法則性が、実証可能なあるいは反証可能な命題として定式化されねばならない。これは、社会学の「科学性」を強調する論者が中範囲の理論を支持し、称揚する一つの理由ともなっている。

ところが、基礎理論としての両義性論や原理論としての存立構造論においては、理論の妥当性ということの意味が中範囲の理論のそれとは異なっている。基礎理論の水準においては、複数の理論的立場が競合した時、その妥当性、優劣を、経験的データと照らしあわせての真偽という判断基準によって、ただちに決することはできない。なぜなら基礎理論の水準の考察は、概念群の定義とその前提となる視座群の明確化及びそれらの体系化を中心にして進められるが、概念の定義や視座群の選択自体は、真偽という基準によって評価することができないからである。それゆえ、基礎理論としての両義性論の妥当性は経験的な真偽という基準によってではなく、その設定している概念群や視座群がどれだけ「射程」や「展開力」を持っているのか、という観点から吟味されるべきである。

また存立構造論の位置する原理論の水準においても、理論の妥当性は、経験的データとの照合による真偽判定によって、ただちに決することができるものではない。存立構造論の妥当性は、原理論としての問題設定の仕方と、その解明の仕方とが、社会と人間に対して、どれだけ「根本的な理解」を提供するのか、という観点から吟味されるべきである。法則的命題との関連からいえば、存立構造論は、直接に法則的命題を提示するものではなく、法則性の根拠を解明しようとするものである。それゆえ存立構造論の妥当性は、法則的命題の真偽を判断するということによってではなく、法則性の根拠がどれだけ説得的に解明されているかという点から吟味されるべきものである。

両義性論や存立構造論の評価の基準となる「射程」、「展開力」あるいは「根本的な理解」とは、理論の多産性と言い換えてもよい。それは、さまざまな対象に対して、首尾一貫した視座から、対象の核心を突くような洞察を生み出すことができるかどうかということである。

このように理論の妥当性ということの意味が三水準の理論の間で異なることに対応して、理論の妥当性をどのようにして判断するのかということの手続きも、異なったものとなる。中範囲の理論の妥当性は、第一に、公準となっている基本的命題群から経験的一般化を表現する命題を導出する際に、演繹的な論理展開が首尾一貫しているのか、第二に、そのようにして得られた経験的一般化命題が、事実と照らしあわせて支持されるかどうか、という手続きによって判断されねばならない。

次に基礎理論としての両義性論の妥当性は、その理論的射程や展開力の優劣について評価されねばならない。そのためには第一に、一定の価値関心、問題意識からみて、重要な対象を、その基礎理論の用語で異和感なしに記述できるかという基準を設定できよう。これはいわば直観的な基準であり、論者の主観性によって、大幅に評価が分かれるかもしれない。けれどもグールドナーも指摘するように人々の「感情」と理論との「適合性」の有無は、理論評価の重要な手がかりと考えるべきである[29]。

第二に、より迂遠であるがより論理的な説得性を持つ手続きとしては、その基礎理論を基盤にして、どれだけ多様な「中範囲の理論」を体系的に配列できるか、言い換えれば広い意味で統合できるか、という基準を設定できよう。つまりある基礎理論の用意する視座や概念群を出発点にした時に、中範囲の理論を全くあるいはごく少数しか展開できないような場合、それは貧しい理論と言うべきであろう。この文脈において、基礎理論は中範囲の理論を介するという間接的な形ではあるが、経験的データとどれだけつながり、かみあうかが吟味されるのである。

では、原理論としての存立構造論の妥当性はどのようにして判断したらよいであろうか。これも両義性論と同様に、経験的データとの照合によって、ただちに決することはできない。そのためには、第一に、存立構造論を支える価値関心がどれだけ普遍性を持っているのか、という吟味がなされねばならない。この吟味の出発点は両義性論についてと同様に、さまざまな人々の「感情」と理論との「適合性」の有無におくことができよう。

第二に、存立構造論の論理展開自体が、どれだけ内在的に説得的であるのか、といった点が反省されるべきである。存立構造論の論理展開は、中範囲の理論のように一定の公準群から命題群を演繹するという形はとっていない。その論理展開は、現実の協働連関の中からもっとも単純な契機を抽出し、それから出発して、そこにさまざまな規定を付加していくことによって、段階的により複雑な姿の協働連関を再構成していくという独特のものである[30]。だが、このような論理展開に関してもその説得性は吟味できるはずである。

第三に、原理論として存立構造論を前提とした場合に、より具体性に近い水準の基礎理論をどれだけ充実した形で展開しうるか、ということがその妥当性の吟味の手続きとなるべきである。一般に、原理論領域での理論的作業はきわめて抽象的な概念群を使ってなされるから、その水準だけでみたのでは、その優劣を判じがたい。けれども、ある原理論から出発することによって、より具体的な水準において、生産的な基礎理論を構築できれば、それは、当の原理論の有効性を証しするものと言える。それゆえ基礎理論としての両義性論がもし大きな射程を持っているのであれば、それは間接的に原理論としての存立構造論の妥当性を証明することになるのである。

容易に看取されるように、以上のような基準によって、両義性論や存立構造論の妥当性を吟味する作業は、一つの中範囲の理論の検証と比べてはるかに複雑で、より論争的な、また短時間で決着づけられないものにならざるをえない。だが社会学理論の妥当性ということを、中範囲の理論の主張するような命題の直接的な検証可能性という意味での「科学性」と、同一視すべきではあるまい。そのような同一視は社会学理論の妥当性ということのもっと豊富な意味を見失い、社会学理論の重層的な深さを平板化するものである。存立構造論と両義性論は、中範囲の理論と同じ手続きによってはその妥当性を検証できないが、それはこれらの理論としての未熟さを示すものではない。理論としての妥当性が何を意味し、それがどういう手続きによって確かめられるべきかは、存立構造論、両義性論、中範囲の理論によってそれぞれ異なっている。このことはこの三つの理論がたんに三種類の理論であるというのではなく、現実との関係において、また社会学理論の内部構造において、異なる三つの水準に位置していることの帰結であり表現なのである。

以上が本章の第四の課題への答えとなるであろう。

2 〔三水準の理論の相補性〕

このような三水準の理論の異質性を見すえた上で、再度、それらの相互関係がいかなるものであるかを確認しておこう。このような三水準の理論としての異質性は、相互の矛盾や背反性を意味するものではなくて、むしろこれらの相補性を示すものなのである。では存立構造論、両義性論、中範囲の理論の間にはどのような意味での相補性があるだろうか。

その第一の意味は、既に第二節で説明したように、より原理的な水準における基礎づけとより具体的な水準における現実への接近という文脈での相補性である。存立構造論は、より具体的に現実を捉えようとする時に突きあたる自らの限界をのりこえ、その潜在的展開力を結実させるためには、両義性論と中範囲の理論とを自らの上に重層化することを必要とする。基礎理論としての両義性論は、一方で自らの出発点を存立構造論によって根拠づけられることを必要とし、他方で法則性を担える命題群の体系的構築のためには中範囲の理論を必要とする。中範囲の理論はさまざまな中範囲の理論の位置関係を明確にするにあたって、またさらに長期的な統合の軸を求めるにあたって基礎理論（としての両義性論）と原理論（としての存立構造論）とを自らの根底に重層化することを必要とする。

三水準の理論の相補性ということの第二の意味は、一つの対象を捉える際の視座の三重性ということである。これらの三水準の理論を重層化することによって、一つの対象を同時に三重の文脈で認識することが可能となる。例えばある企業の中の労使関係をとりあげた場合、まず存立構造論の水準においては、労使関係の根底にある支配の生成のメカニズムについての洞察が与えられる。次に両義性論の水準においては、その労使関係が支配システムと経営システムの二重の文脈に位置しており、支配システムの文脈においては垂直的政治システムのとりうるさまざまな状相の中の一つに位置しているということ等について、理解が得られる。さらに中範囲の理論の水準においては、当該の労使関係が経営システムと支配システムのどのような類型と状相を前提的枠組としているかの確認の上で、労使双方の行為をめぐる規則性を命題の形で整理することができるであろう。

単にどれか一つの水準において社会を認識する場合に比べて、視座の三重性を保持することは、対象の持つ重層的な意味を明らかにする点ですぐれている。それぞれの水準の理論が提供する照明と意味発見は相互に他のものによって代替できない。このような視座の三重性が保持されるならば、同時に次の二つのことが可能となるであろう。それは一方で、変転きわまりない社会現象の見かけの多様さに目を眩せられることなく、個々の対象を原理的、骨格的な社会把握の文脈において捉えることであり、他方で、個々の対象を抽象的な理論枠組の一例証へと貶めるのではなく、それらを個性的、具体的姿において認識することである。

三水準の理論の相補性ということの第三の意味は、〈多様な現象の体系的把握〉という点にある。一般に、社会学理論の形成において、社会現象の示す多彩さと振幅の巨大さに対する敏感さを保持しながら、しかも多数の異質な理論をばらばらに並置するのではなく、体系性を持った理論群として理論を作るにはどうしたらよいであろうか。そのためには、一方で具体性に近い水準において、観点と説明原理との徹底的な分節化を行う必要がある。つまり、それぞれ独自の発想や公準群を持つ複数の理論群を作ることが必要である。そうしなければ、社会の示す多様な姿を、それに適合する形で把握することは不可能であろう。他方で、理論のより基本的な水準において、さまざまな観点と説明原理の相互関係を明らかにし、連結するような枠組を用意する必要がある。そのような連結の枠組がなければ、現実に密着したより具体的な水準において作られる複数の理論群は、相互に無縁なまま拡散してしまい、断片的なままにとどまるであろう。存立構造論、両義性論、中範囲の理論という三水準の理論は、このような多様性を体系的に把握するという課題に関して相補的である。まず具体性に密着した水準において、現実の多様な姿を捉えるためには、さまざまな観点と説明原理に立った、複数の中範囲の理論群を作ることが必要であり、また有効である。そして、第二節2と第三節で見たように両義性論は、経営システムと支配システムという観点から可能な限りで、いくつかの中範囲の理論をより基礎的な水準において、広い意味で統合する。しかも、その統合の枠組は恣意的に選択されたものではなく、存立構造論の取り組んだ社会システムと社会内主体の原理的な関係についての考察によって、基礎づけられている。言い換えると、存立構造論と両義性論の中には、現実の示す多様性あるいは振幅の巨大さを体系的に捉えるための基軸となる観点が、いくつも組みこまれている。

その第一は、対象的＝客観的な社会〔構造〕と、主体的＝主観的な行為という両極を捉える観点であり、この両極を結ぶ軸に沿って多様な現象が配列されうる。第二は、経営システムと、支配システムの両義性という観点であり、この両義性への分節は混沌とした現実を整序しつつ複眼的に捉える有力な枠組となるであろう。この観点から見れば、一方で、経営システムにおける調和、協力、相乗性といった特徴を一面的に取り上げることによって社会像を平板化する態度を回避するべきであるし、他方で、支配システムにおける強制、不平等、相剋性といった特徴のみに基づいて一面的に単純化された社会像を形作ることも、排されねばならない。そして、第三に、経営システムの側面に見られる多様性を、第四に支配システムの文脈に現れる巨大な振幅を、両義性論は、それぞれのシステムがとりうる状相もしくは類型を分節することによって、体系的に把握する道を用意する。このように存立構造論と両義性論が提出する戦略的視座群を組みあわせ、それらの軸に沿ってさまざまな中範囲の理論を配列すれば、多様な現実の体系的な把握という課題に対して、一つの答えを提出することができよう。

以上のように存立構造論、両義性論、中範囲の理論の三つは自らの基礎づけと具体性への接近という文脈で相補的であり、一つの対象を三重の視座で捉えることにおいて相補的であり、多様な現実の体系的把握という課題に関しても相補的である。それゆえこれらを三水準の理論として重層化して共用することにより、それらを切り離した時には得られないような洞察が獲得されるのである。

以上が本章の第五の課題に対する答えとなるであろう。

結び

ここで以上の本章の考察の要点を再確認しておこう。

「存立構造論」から出発して、現実をより具体的に捉えるためには、社会学理論の水準の分節化と重層化という発想が必要である。存立構造論は社会認識にあたっての端緒にくるべき問いを解こうとする理論であり、原理論の水準に位置している。これに隣接する基礎理論の水準において担われるのは社会把握のための基本的な視座群と概念群を系統的に提出するという作業である。存立構造論に接続する基礎理論としては、「協働連関の両義性論」を提出できる。さらにこれより具体的な水準においては、データと密着しながら経験的法則性を命題の形で捉える「中範囲の理論」が必要である（第一節）。

存立構造論、両義性論、中範囲の理論は、それぞれより根底的な水準の理論がより具体的な水準の理論に対し、基礎づけを与えると同時に、より具体的な水準の理論がより根底的な水準の理論の内包している潜在的展開力を引き出し結実させるという、相補的な関係にある（第二節）。

さらに、中範囲の理論の累積的統合を通しての社会学理論の体系化という、マートンの提起した長期戦略の文脈でみると、基礎理論としての両義性論は、中範囲の理論に対して広い意味での統合の基盤を提供するという、積極的意義を持つものである（第三節）。

存立構造論、両義性論、中範囲の理論は、それぞれ理論の妥当性ということの意味と妥当性の吟味の手続きが異なっており、理論としての性格は異質である。だがこの異質性は理論水準の異なることの当然の表現なのである。これらの三つの理論は重層化されるべきであり、重層化されることによって相補的に現実への洞察を深めることができる（第四節）。

最後に、社会学理論の三水準への分節化という本章の主題には、二重の意味があることを確認しておこう。それは、これまでの論述を通して、本章の主題が、一般的な提唱と特殊な主張という二重性をもって、展開されてきたことである。一般的な形で述べれば、本章の意図は、社会学理論を複数の水準に、さしあたり三つの水準に分けることを提唱したものである。すなわちそれは、社会認識にあたってのもっとも基本的な論理的な端緒にくる問いを解く作業（原理論）と、基本的概念群及び視座群を系統的に提出する作業（基礎理論）と、経験的法則性とを記述し、説明する作業（中範囲の理論）である。

このような一般的な主張と同時に、本章は、そのような理論水準の分節の特殊な一形態として、原理論としての存立構造論、基礎理論としての両義性論、及び中範囲の理論という構想を提出した。

存立構造論における問いのたて方とその解明の仕方は、原理論の水準に位置する一つの試みである。また両義性論による視座群の組織化と概念群の体系的な定義は、基礎理論の水準における一つの理論的努力である。原理論としても基礎理論としても、別の形態の理論を作ることは可能であろう。だが、他を排して存立構造論と両義性論を選択するという本章の立場は、現代社会に対する一定の価値関心に立脚するのである。それは、諸個人の主体性と対象的＝客観的な社会〔構造〕との緊張を注視し、同時にさまざまな現代の社会問題をその複雑性において捉えようとする価値関心に他ならない。一般的に社会学理論を原理論—基礎理論—中範囲の理論という三水準に分節する立場がどれだけ生産的であるか、また特殊に存立構造論—両義性論—中範囲の理論という理論枠組がどれだけ射程を持つかは、本章におけるような方法論的な考察の範囲だけでは判断できない。それは存立構造論をふまえた上で、両義性論と中範囲の理論をどれだけ体系的に展開できるのか、そして現実に対して実際にどれだけの洞察を得られるのか、という点においてこそ検証されなければならない。

注

1　存立構造論という問題意識を持った古典的労作としては、まずマルクスの『資本論』(Karl Marx, *Das Kapital, Kritik der politischen Oekonomie*.Bd.1.1867, Bd.2.1885, Bd.3. 1894, 向坂逸郎訳『資本論』全九冊、1969-1970年、岩波書店）とサルトルの『弁証法的理性批判』(Jean-Paul Sartre, *Critique de la Raison dialectique*,1960, 竹内芳郎他訳『弁証法的理性批判』第一分冊一九六二年、第二分冊一九六五年、第三分冊一九七三年、人文書院）をあげねばならない。また近年における社会学分野での代表的な仕事としては真木悠介（1977）『現代社会の存立構造』が必読である。また組織領域における一つの試みとしては、舩橋晴俊（1977）「組織の存立構造論」がある。

2　これらの三水準の理論とそれらの相互関係についての本稿における方法論的考察は、筆者にとって、三水準の理論の具体的、内容的展開が現時点ではまだスケッチ的状態にとどまっているという条件の上で行われる。この条件は本稿を限界づけるものである。にもかかわらず、三水準の理論について本稿で大局的展望を試みるのは、萌芽状態の諸理論に対して、より確かな方向づけを得たいからである。

3　真木悠介（1971：217）

4　この点については、舩橋（1977：37-39）

5　基礎理論としての「協働連関の両義性論」の実際の展開の試みとしては、舩橋晴俊（1980）がある。

6　この点についてはたとえば、中山慶子（1971：10-11）を参照。

7　R・K・マートン（1969：4）

8　たとえばM・ヴェーバー（1970）『社会学の基礎概念』は基礎理論の水準での著作の一例である。

9　R・K・マートン（1969：4）

10　マートン（1969：4）

11　マートン（1969：11）

12　マートン（1969：6）

13　マートン（1969：4）

14　マートン（1969：41）

15　存立構造論から両義性論へのこのような論点の発展的継承については、舩橋（1977：41）、舩橋（1980：212-214）を参照。

16　舩橋（1977：55-60）。舩橋（1980：214-217, 221-222）。

17　舩橋（1977：41）。舩橋（1980：219-221）。

18　舩橋（1977：51-52）。舩橋（1980：214-217, 221-222）。

19　舩橋（1980：218）。

20　コンティンジェンシー理論については、たとえば加護野忠男（1981）を参照。

21　H・A・サイモン（1965）を参照。

22　M・ウェーバー（1970b）を参照。

23　交換理論については、たとえばP・M・ブラウ（1974）を参照。ゲームの理論については、たとえば、A・ラパポート（1969：60-160）を参照。

24　マートンがはじめて中範囲の理論を提唱したのは、管見の限りでは、Robert K. Merton, 1949, *Social Theory and Social Structure*, The Free Press の初版の introduction pp. 3-18 においてである。同書の再版（Merton, 1957）においても、introduction の内容は基本的には同一であるが、語句の微修正と注についての若干の加筆が行われている。この再版の全訳が森東吾、森好夫他による訳書、マートン（1961）『社会理論と社会構造』、みすず書房、である。その後、この introduction は大幅に加筆されて独立の論文 On Sociological Theories of Middle Range となり単行本、R. K. Merton, 1967, *On Theoretical Sociology; Five Essays Old and New*, 1967, The Free Press の冒頭に収められた。この論文の邦訳が、マートン（1969）「中範囲の社会学理論」であり、本論の考察も、この論文に依拠している。

25　R・K・マートン（1969：25）。

26　マートン（1969：30-32）。

27　マートン（1969：14-21）。

28　例えばR・K・マートン（1961）の中の諸論文に見られる。

29　A・W・グールドナー（1978）。

30　この点については、真木悠介（1977：15-17, 34-35）を参照されたい。

第五章　「理論形成はいかにして可能か」を問う諸視点（補注１）

はじめに

〔本章の課題は、「理論形成はいかにして可能か」を考えるための諸視点を提起することである。理論研究の核心には、学説研究と区別された意味での理論形成があると考えた場合、日本の社会学の理論研究のあり方は、現状に安住を許されるものではなく、真剣な方法論的反省と、より積極的な努力が必要であるように思われる。日本社会の現実に立脚した自生的・内発的な理論形成という課題は、日本の社会学にとって、永遠の課題とも言うべきものであるが、そのための研究方法、研究戦略を、どのように確立したらよいのだろうか。〕

本章では、「理論形成はいかにして可能か」という問いの探究をすすめるために、まず「理論とは何か」「理論をどのように分類するか」という問題群を検討し、その上で、理論の主要なタイプに即して、「理論形成はいかにして可能か」について考察していきたい。

（補注１）筆者は、日本社会学会の機関誌『社会学評論』二二五号（2006年）において、「特集・理論形成はいかにして可能か」の企画者として、本論文を執筆した。本論文は、特集に掲載された八本の論文の冒頭に位置しており、特集テーマの考察に対して、有力な手がかりとなるような基本的な論点と視点の掲示を試みたものである。本書では、冒頭の数行を、本書の論脈に沿うように書き換えている。

第一節　理論とは何か、理論はなぜ必要か

「理論形成はいかにして可能か」を問うためには、まず「理論とは何か」が、明確にされなければならない。筆者が出発点において提示したいのは、次のような理論観である。すなわち、社会学における理論とは、経験的認識にかかわるものであり、社会現象についての「規則性の発見と説明」、および、「意味の発見」を、少なくともある程度の一般性をもって可能にするような、相互に関連している概念群と命題群のことである。

1　規則性の発見と説明

理論の第一の役割は、観察された現象から規則性を発見すること、そして、その規則性を説明することである。相対的に簡単な規則性であれば、規則性の発見は単なる観察によって可能であるが、より複雑な規則性を発見するためには、混沌とした無限に複雑な現実からどういうデータを有意味なものとして収集するかというデータ選択に関わる操作が必要であり、そのためには、理論概念が必要になる。理論の存在理由は、規則性の発見にとどまらず、さらに規則性を説明することにこそある。これは、自然科学にも社会科学にも共通する課題である。例えば、太陽や月が、地上のある地点からみて、どのような規則性を有する挙動を示すかということは、観察によって把握できるが、なぜ、その

ような挙動を示すのかを説明するためには、天動説や地動説のような理論が必要とされる。

2　意味の発見

だが、理論の役割は、「規則性の発見と説明」だけにとどまるものではない。理論のもう一つの役割は「意味の発見」である。「意味の発見」とは、対象あるいは現象がどのような特質や含意を有するかを掘り起こし、明確化することである。ここで、「意味の発見」という言葉には、「意味の解釈」「意味付与」という契機も含まれると考えておこう。社会科学でも自然科学でも、理論概念は「意味の発見」という役割を担っており、それは規則性の説明の前提になっている。例えば、物理学において、引力や磁力などの概念を形成することは、これらの言葉によって、自然の中に一定の意味を発見することであり、しかもそれらの概念の設定が適切であれば、それらを前提にして規則性の記述と説明が統一的にできるようになる。

社会学の場合、自然科学以上に「意味の発見」に力点を置いた理論観が、さまざまに提出されている。例えば、真木悠介は存立構造論の探究の文脈で、「理論の力というものがもしもあるとすれば、その力はまず何よりも、日常の意識における自明性の世界を解体し、そこにかくされた問題を発見すること」にあると述べる（真木 1977：10）。また、現象学的社会学やエスノメソドロジーの理論観は、当事者による「意味解釈」を手がかりにしながら、「意味の発見」に第一義的な関心を寄せているものと言えよう（江原・山岸 1985）。

「意味の発見」あるいは「意味の解釈」「意味付与」は、日常言語によっても通常行われている。理論言語は、その発見努力を特定の問題関心との関係において、より鮮明に、精密に、より豊かになそうとすることを目的として、形成され使用されるのである。

以上の考察を前提にすると、社会学における優れた理論とは、「規則性の発見と説明」および「意味の発見」という課題に対して、同時に有効で一般性のある認識を提供するものと言うべきであろう[1]。それゆえ、「理論形成はいかにして可能か」という問いを生産的に論ずるためには、各論者が、このような理論の二つの役割のどちらに主要な関心を寄せているのかを明確にする必要がある。主要には「規則性の発見と説明」を志向した理論形成方法と、「意味の発見」に中心的な関心を寄せる理論形成努力とは、異なるものになることが予想されるからである。

3　規範理論の諸問題の解明

理論の果たす課題を以上のように整理することは常識的な考え方であるが、さらに、近年の規範理論への関心の台頭（高坂 1998）を考慮に入れることにより、規範理論の諸問題への取り組みを、理論の役割として追加するべきであろう。この場合、規範理論の諸問題はどのような問題群なのかを考えなければならない。高坂は規範理論の問題関心として、五点を列挙する形で示唆的な整理を提示している。すなわち、①目的を与件とした時に選ぶべき手段に関する理論、②価値基準を選択ないし構築する際にとるべき手続き論、③複数の規範的命題間の論理整合性の考察、④何をもって正義とするかについての考察、⑤否定的な形での命題形成と批判的評価である（高坂 1998：55-56）。

筆者はさしあたり、規範理論とは、規範的判断およびその根拠づけを、少なくともある程度の一般性をもって可能にするような相互に関連している概念群と命題群のことと考えている。社会学的視点に基づいて、そのような概念群や命題群を形成できるのであれば、社会学理論のカバーする領域が一回り拡がることになる。

ただし、M・ヴェーバーの古典的議論をはじめ（ヴェーバー 1998）、経験科学的認識と価値判断を区別すべきであるという要請は、多くの論者によって提起されている。それゆえ、社会学的規範理論が果たして可能なのか、あるいは、どのような限定のもとで、どのような意味で可能なのか、ということは、慎重に検討しなければならない問題である。

筆者は、社会生活の組織化が適正になされているかどうか、逆にさまざまな受苦や苦悩を伴う対立や紛争が頻発しているのかどうかの把握については、経験科学的認識が寄与しうるものである以上、社会生活を適正に組織化するための規範的原則の提出に対して、社会学の貢献が可能であると考えている。より論理的に表現するならば、筆者は、ヴェーバーと同じく、原理的な水準での規範命題や価値基準の定立という規範理論の核心の課題は、経験科学としての社会学の射程を超えた領域に存在すると考えている。だが、もし何らかの原理的な規範命題や価値基準の定立を前提にできるのであれば、その前提の上で、社会学的知識が、より具体的な水準での派生的な規範的命題群の形成と洗練に、さまざまな形で貢献しうるという立場に立つ。

例えば、望ましい社会状態を定義する一つの原理的な価値基準として、「社会的合意形成」を(社会哲学的思索に基づいて)定立した場合、その前提の上では、より具体的な政治システムの水準で「社会的合意形成」の実現を促進するような意志決定制度や意志決定手続きはどういうものであるべきか、という主題の探究については、社会学的知見がさまざまに貢献できるはずである。

以上のような意味において、社会学理論の第三の役割として、「規範理論の諸問題の解明」、とりわけ、「規範的原則の根拠づけ」があると考えたい。

第二節　理論をいかに分類するか

理論の役割を以上のように把握した上で、「理論形成はいかにして可能か」という問いにアプローチするためには、「理論をいかに分類するか」という問いに対して答えることが不可欠である。なぜならば、社会学の領域においては、ひとくちに理論と総称されるものの中に、「基本性格が異なる」さまざまな理論が混在しているからである。ここで「基本性格が異なる」ということは、さまざまな理論の有する説明原理(例えば、交換理論、機能分析、戦略分析、など)の相違という意味ではなく、現実との関係において、それぞれの理論がどのような主題を扱おうとしているのかという点での基本的な相違のことである。本章の課題の探究にあたって、誤解やすれちがいを回避するためには、「説明原理による分類」に入る手前での「理論の基本性格にかかわる分類」が必要である。

このような視点から、これまでなされた社会学理論の分類のうち、若干の示唆深い分類について、ふりかえってみよう。

1　理論の基本性格にかかわる諸分類

第一に、マートンは、「経験的一般化」と「中範囲の理論」と「一般理論」の区別を提示している。Merton によれば、「中範囲の理論は…［中略］…社会現象の局限された側面を扱う」。中範囲の理論とは、「日々の調査の間にうんと出てくる、ちょっとした、しかし必要な作業仮説と社会行動、社会組織、社会変動などについて観察されたすべての斉一性を説明しようとする統一的理論を展開するための、いっさいを包摂した体系への努力との中間にある理論」（マートン 1969：4）である。

第二に、ターナーは、社会学理論の構成要素の階層性を、概念、変数、記述、定式化（format）というように整理した上で、定式化を「モデル図式」「命題図式」「分析的図式」「メタ理論的図式」という四つに分類し、さらに、それぞれの内部にサブタイプを区別している。ここで、注目されるのは、ターナーのメタ理論には、人間と社会の基本特徴を根本的に問うという課題と、いかにして理論形成を推進するかという方法論的課題が、共に包摂されていることである（Turner, 1991：8）。

第三に、高坂健次は、独自に、「一般理論」、「歴史理論」、「規範理論」という三分類を提示している。この分類は、規範理論を一つの理論タイプとして、明示しているところに斬新さがある。ここで、一般理論という言葉の使用法には注意が必要である。高坂の言う意味での一般理論の認識目的は、「時間・空間的に特定の歴史的個体としての社会を前提せずに、社会現象を成り立たしめていると思われる構造やメカニズムを明示的に解明しようとする」ことである（高坂 1998:45）。これに対して、例えば、Merton が一般理論と言う場合、それは「いっさいを包括する統一的理論」「社会学の全体的理論体系」（マートン 1969：12）を意味しており、両者の含意には相違がある。

第四に、ブラウォイが、公共社会学の提唱に際して提示した、専門的社会学、批判社会学、政策社会学、公共社会学の四分類も注目に値する（Burawoy, 2005）。この四分類を形成する第一の分類軸は、道具的知識／反省的知識の区分であり、第二の分類軸は、受け手が、学界の内部の主体（academic audience）か、外部の主体（extra-academic audience）か、という区別である。ブラウォイのこのような四分類は、受け手が誰であるのか、受け手と社会学者がどのように相互作用するのかが、理論形成の過程と相関するという認識に基づいている。ブラウォイの提唱は、理論形成にとって、公衆との相互作用を通した社会問題への関心が積極的な意義を有するという点で示唆的である。

2　社会学理論の五分類

以上の諸分類をふまえて、筆者は、「理論形成はいかにして可能か」という問いにアプローチするための分類として、以前に提示した原理論、基礎理論、中範囲の理論という三分類（舩橋 1980）（補注2）に加えて、規範理論、メタ理論の二つを加えて五分類を採用したい。この五つのタイプについて概観しておこう。

（補注2）本書の第四章として再録。

第一に、「原理論」とは、社会とそれを構成する社会的存在としての人間の基本的存立のあり方を問うものであり、もっとも根本的な概念形成を志向し、しばしば哲学的思索という色調を帯びる。原理論の探究の課題は、社会体系、社会構造の存立に主要な関心を寄せるか、社会的存在としての人間に関心を寄せるかによって、展開の方向に二つのアクセントがある。前者の方向での代表例を挙げれば、マルクスの物象化論であり、それを社会学的に再定式化した真木悠介の存立構造論がある。パーソンズの社会体系論が扱っている問題群には、このレベルの問題が含まれる。後者の方向での代表的作品としては、ミードの『精神・自我・社会』（ミード 1973）を挙げることができる。〔『社会学評論』二二三号の〕特集における論考から例を取るならば、橋爪によって提起された言語派社会学は、原理論の水準での探究を主題化している（橋爪 2006）。

第二に、「基礎理論」とは、社会現象を捉えるための一般性を有する基礎的な視点と概念枠組みを提供するものである。原理論が哲学的色彩を帯びるのに対して、基礎理論は、経験科学としての社会学において、有効であるような概念群の形成に志向している。例えば、ヴェーバーの主著『経済と社会』には、基礎理論の水準の議論が数多く含まれている。また、組織社会学における戦略分析（フリードベルグ 1989）は、基礎理論に属すると見るべきである。

基礎理論は、「特定領域の基礎理論」と「領域横断的な基礎理論」とに区分できる。ここで特定領域とは、福祉、家族、環境、都市というような、それぞれに連字符社会学が定義されるような一定の広がりと限定を有する範域のことを言う。そのメルクマールは、社会学分野の個別学会や専門誌の存在である。特定領域の区分自体は変動しうるものであるが、一定の特定領域に即したものが、「特定領域の基礎理論」である。これに対して、「領域横断的な基礎理論」とは、少なくとも複数の特定領域をカバーするような一般的適用可能性を有する基礎理論である。

第三に、「中範囲の理論」の意味については、マートンの提唱を継承したい。マートンの言う意味での中範囲の理論の基本的特徴を確認しておこう。①「中範囲の理論」は形式的分類であって、説明原理については中立的である。②しばしば誤解されることではあるが、中範囲の理論とは、対象とする社会現象にかかわる人々の人数が中範囲であるというわけではない。マートンはこのことを「このタイプの理論は…［中略］…ミクロ社会学の問題と…［中略］…マクロ社会学の問題の区別と交差する」と明確に指摘している（マートン 1969：49）。③「中範囲の理論」は、先進諸科学の発達史を方法論へと翻訳する形での長期的発展戦略を提唱している。すなわち、多数の「中範囲の理論」の累積を踏まえての統合により、より一般性の高い理論へ進むことを志向している。

第四に「規範理論」とは、前述のように、規範的判断およびその根拠づけを、少なくともある程度の一般性をもって可能にするような相互に関連している概念群と命題群のことと考える。法学や経済学に比べて、社会学は、規範理論の領域における蓄積が立ち後れているように見えるが、今後は、より積極的に取り組む必要があると思われる。

第五に「メタ理論」とは、理論についての理論的考察の総体からなる。メタ理論は方法論と呼ばれてきたものを包含している。ヴェーバー（1998）、マートン（1969）、スティンコーム（Stincombe 1968）、グールドナー（1978）、ヘイグ（Hage 1972）、ブラウォイ（Burawoy 2005）や、本特集の諸論考は、基本的にはメタ理論領域で考察が進められている。

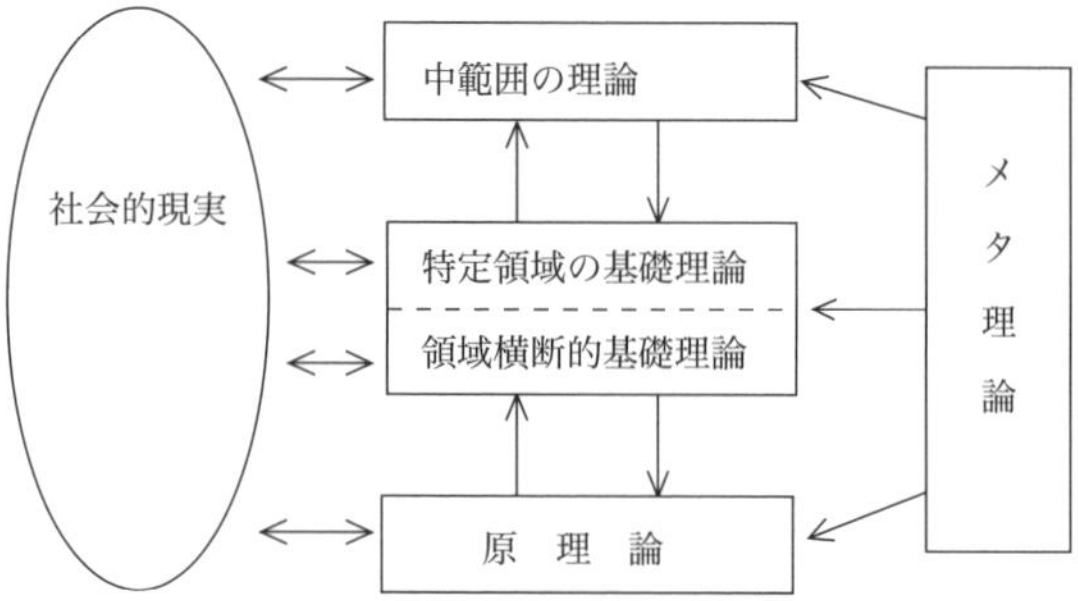

図 5-1　社会学諸理論の相互関係

3　社会学理論の分類の意義

理論的営為をこのような複数のタイプに分けることの意義は何か。

第一に、ひとくちに社会学諸理論といわれるものが、現実との関係や相互の関係において、異なった位置を占めていることが明確になる。規範理論を別とすれば、他の四つの理論の相互関係は、図5―1のように描くことができる。異なる水準の理論の間には、より根底的な水準の理論が、より上層の水準の理論に対して、グールドナーの言う意味での「背後仮説」（グールドナー 1978）を提供するという関係がある。ここで「背後仮説」とは、顕在的な理論の背後にあり、その理論的営為を支えるような暗黙の前提になっている世界の把握の仕方である。背後仮説は、何が重要な問題であり、どのような視点や要因が本質的なものかの判断を支えている。

第二に、理論の優劣に対する価値判断基準が、理論のタイプによって異なるのではないかという論点が提起される。例えば反証可能性という基準は、規則性の説明を志向した文脈で、中範囲の理論にとっての有力な評価基準にはなるけれども、原理論や基礎理論の領域では、この評価基準によって単純に理論の優劣を論ずることはできないであろう。

第三に、各タイプによって、「理論形成はいかにして可能か」という問いへの答えが異なることが予想され、この問いについて議論する際、どういうタイプの議論を前提にしているのかを明確にすることの自覚を促す。

この五つのタイプのうち、本章の以下の論述においては、紙幅と筆者の力量の制約からこれまでの社会学理論の中心に位置する中範囲の理論、基礎理論、原理論の三タイプを主要な対象にして考察することに限定したい。

第三節　「中範囲の理論」と「特定領域の基礎理論」における「T字型の研究戦略」

1　理論形成の過程に影響を与える諸要因

まず、一般にどのような諸要因が理論形成の過程に影響を与えるのかを考えてみよう。理論形成過程についてのこれまでの知見を整理するならば、一般に理論形成に影響を与える研究内在的要因としては、学説研究、実証研究、問題意識とその背後の価値理念、メタ理論的な信念（特に方法論的な信念）を提示することができよう。また、理論形成過程に影響を与える社会関係上の要因として、他の研究者との相互作用、現実の社会問題との直面・関与を指摘することができよう。

総論的には、例えば、理論形成のためには、問題意識が大切であり、先行の諸理論についての学説研究と、現実の問題についての実証研究という二つの源泉が重要であるというような言い方ができるかもしれない。だが、そのような一般的指針だけでは、あまりにも物足りない答えにとどまる。ここで必要なのは理論の基本性格のタイプに即したもっと掘り下げた考察である。

2 「実証を通しての理論形成」の具体化としてのT字型の研究戦略

理論形成の可能性を、実証研究と学説研究をともに視野に入れながら検討する場合、前述の理論についての五分類に基づけば、どのタイプの議論に注目するのかによって、論議の展開は異なるものとなる。堅実な論議が可能な一つの道は「中範囲の理論」と「特定領域の基礎理論」の水準で、「実証を通しての理論形成」という発想を軸にして、理論形成の可能性を考えることである。この課題に応えるために、筆者は、T字型の研究戦略を提唱してきた（舩橋 2001）。図5―2は、その発想をイメージ化したものである。図5―2において、Tの縦線は狭く深い実証的研究を表わしており、そこで得られる着想を手がかりにして、幅広い射程を有する理論枠組を形成することがTの横線に相当する。

T字型の研究戦略の提唱の前提には、学説研究と理論形成とは直結するのであろうかという疑問がある。「学説研究を主要な源泉としての理論形成」という道は、理論形成に向っての近道のように見えながら、もしそれが実証研究との協働を欠いた場合は、実は迷路のような困難な道ではないだろう

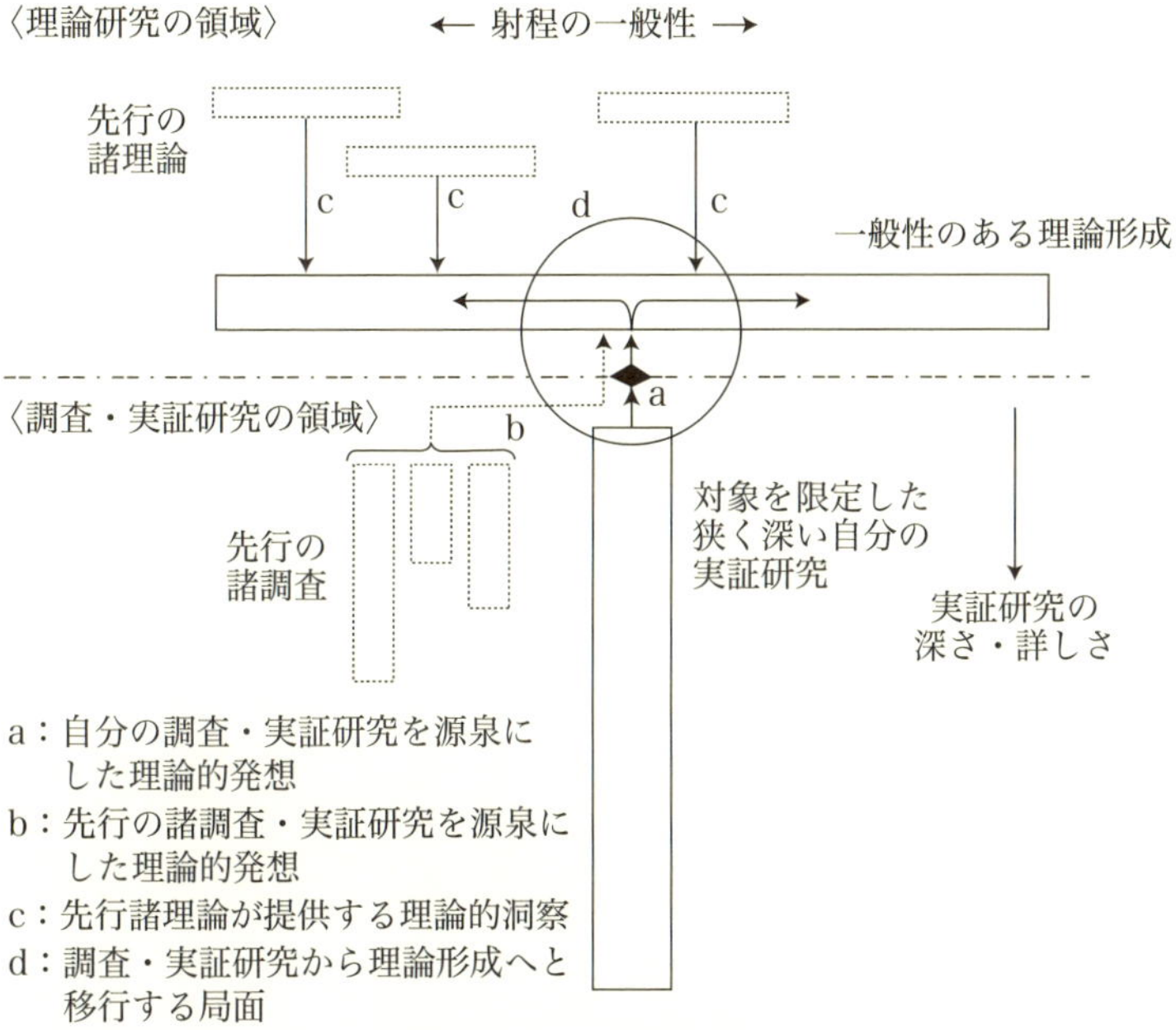

図 5-2　T字型の研究戦略
（出所）舩橋，2001, 56 頁

か。これに対して、T字型の研究戦略は、「規則性の発見と説明」であれ「意味の発見」であれ、一定の射程の一般性を有する理論を形成するためには、限定された対象についての深く掘り下げた実証的研究を行うことが必要であり生産的であるという逆説的な方法を提唱するものである。「T字型の研究戦略」は、理論概念や視点の生成のために、長い迂回路を歩み尽くすことを要請する。だがそれは決して迷路ではなく、創造的な理論形成へとつながる道なのである。

3　T字型の研究戦略の成功例

T字型の研究戦略は、当初は「中

範囲の理論」を念頭において提唱したものであるが、以下の事例に見るように、「特定領域の基礎理論」や「領域横断的な基礎理論」の形成に対しても、生産的に貢献しうる方法である。

「中範囲の理論」という水準での例としては、飯島伸子による「被害構造論」がある（飯島 1984）。「被害構造論」は、日本の環境社会学の最初の有力な理論枠組みという意義を有するが、それは、水俣病、スモン病、炭塵爆発による一酸化炭素中毒という三つの事例についての掘り下げた実証に基盤を有するものである。

「特定領域の基礎理論」という水準での例としては、中野卓の次の指摘に見られるように、有賀喜左衛門の村落社会研究（有賀 1966）が挙げられる。

「有賀社会学の大きな貢献は」…［中略］…「従来の日本社会学が欧米の理論や研究法を競って紹介模倣するのを例とした学風を批判し、日本の社会的現実にまともに立ち向かう研究態度の範を示したことであろう。ことにインテンシブなモノグラフによる調査研究の最初の、そして最良の実例を示し、モノグラフ研究こそが理論の真の発展をもたらし得ることを教えたのであった」（中野 2000：111）。

「領域横断的な基礎理論」の水準での例としては、ミシェル・クロジエら、フランスの組織社会学研究所（CSO）の研究者たちによる「戦略分析」学派の形成がある。戦略分析の理論的出発点を確立したのは、クロジエの『官僚制の組織現象』（Crozier, 1963）であるが、この著作においては、ただ二つの組織を対象にして、しかし、徹底して掘り下げた実証的研究がなされており、そこから、戦略分析の基本的発想と鍵概念群が析出されている。その後、戦略分析は、フリードベルグの単著（フリードベルグ 1989）を踏み石として体系的に確立されていくが、体系的洗練に向けての一歩一歩の前進が、そのつど、さまざまな研究者たちの実証的研究によって支えられてきた。

4　T字型研究戦略の成否を左右する要因

「T字型の研究戦略」を実現しようとする場合、その要諦は何であろうか。T字型の研究戦略は、作業手続きの論理的段階としては、①狭く深い実証的研究の遂行、②鍵になる視点や概念の着想を得ること、③着想から出発して一般性のある射程を有する概念群や命題群を形成すること、という三段階から成るから、各段階に即して考えてみよう。第一段階での要諦は、対象との接触である。それは現場に踏み込み、時間をかけて実証的な情報を収集することであると言ってもよい。研究の基本姿勢のところで、深く対象を掘り下げていこうというエートスあるいは気構えが必要である。

次に、第二段階、第三段階に注目すると、大切なのは、実証研究から理論形成への移行と思考の転換を、どのようにして実現するかという課題である。これは方法論上の重要問題であるが、筆者のこれまでの提唱においては、荒削りのままの議論にとどまっていた。

これらの段階では、理論的着想をめぐる個人の資質（センスや名人芸的要因）が介入せざるを得ないであろうが、それらがすべてではなく、一定の方法論の展開の可能性があると思われる。

この文脈で、グラウンデッド・セオリーの意義に注目したい。グラウンデッド・セオリーは、形式的にはT字型の研究戦略に沿うものである。したがって、T字型の研究戦略の提唱の立場から見ると、その第二段階から第三段階への作業を具体的に進める方法として位置づけることが可能であり、理論形成の過程を質的データ収集と質的データ分析の方法論として具体的に整備しようという意義を有する（『社会学評論』二二五号の〕特集の木下論文（木下 2006）を参照）。

5 T字型の研究戦略の実施可能性を左右する前提条件

筆者の見るところ、日本の社会学における理論形成の相対的少なさの一つの理由は、T字型の研究戦略という大局的方針を自覚的に遂行する研究者の層が薄いことである。この状況の改善のために、「特定領域の基礎理論、および、中範囲の理論の水準でのT字型研究戦略の採用」という方針を、理論形成のための一つの方向づけとして提唱したい。

だが、T字型の研究戦略を実施するためには、いくつかの困難を克服しなければならない。その出発点における困難は、限定された対象への深く突っこんだ集中的実証研究ができるかどうかである。そのような研究態度は、どのような条件によって可能となるだろうか。

第一に、理論内在的な平面では、研究主体が「実証を通しての理論形成」というメタ理論的な信念や、実証研究の背後仮説となりうる基礎理論を有していることが、この研究戦略を遂行する際の論理的な促進基盤である。同時に、心理的にも、一定の納得のいく基礎理論を有することが、狭く深い実証に腰を落ち着けて取り組むことを可能にするであろう。

第二に、研究者をとりまく社会関係という平面では、各研究者の属する研究集団が、狭く深い実証研究を志向するエートスを共有し、それを推奨する気風があることが重要である。例えば、飯島伸子における「実証を通しての理論形成」は、所属した研究集団の力を支えとしつつ、公害問題の現地調査という困難な課題を遂行したからこそ可能になった（舩橋 2002）。

第四節　領域横断的な基礎理論と原理論における理論形成

1　予備的な視点の整理

次に、「領域横断的な基礎理論」や「原理論」の水準での理論形成の方法について考えてみよう。以下の考察では、領域横断的基礎理論と原理論とを一括して「基礎理論・原理論」と表現して論ずる。その理由は、基礎理論と原理論はその境界において融合している面があることと、以下のメタ理論的論議は試論的なものにとどまるので、両者を分節した詳細な議論にまで踏み込むことができないことである。

基礎理論・原理論レベルの理論形成過程を検討するにあたって、視点の整理を予備的に行っておきたい。

第一に、探究の動機の問題。基礎理論・原理論のレベルの理論形成は、広範な一般的妥当性を要求されるのであり、課題のスケールが中範囲の理論より大きいゆえに、より困難な課題である。また、このレベルでの理論形成は、先行学説で繰り返し問われ、すでに、さまざまな回答が与えられてきたような問題に、オリジナリティのある回答を提示することが要請される。それは非常に困難な課題であり、おそらく、この水準には、未完成のまま世に出ることなく終わった挫折した試みが、多数存在してきたであろう。

そのような事情を見つめるならば、基礎理論・原理論の形成条件に関して、つぎのような問いが生まれる。基礎理論・原理論という、野心的ではあるが、非常に困難な課題に、研究主体があえて挑戦しようとする動機は何なのか。基礎理論・原理論のレベルで問題を問い直そうという強力な志向は、どのような背景のもとに生まれるのだろうか。

第二に、先行学説研究との関係。基礎理論・原理論のレベルにおいても、実証的な現実の接触と先行の学説研究が、共に理論形成の源泉になりうることは、中範囲の理論と同様であろう。だが、源泉としての両者と理論形成の関係は、相当に異なったものであるように思われる。特に、社会の存立にかかわる基本的論点を探究する原理論においては、さまざまな論者による問題設定の類似性の程度が高まるから、先行学説研究から手がかりとなる論理や視点や概念をくみ取ることの必要性と可能性が、中範囲の理論レベルの理論形成努力より、ずっと重い位置を占めるようになる。では、基礎理論・原理論レベルでの理論形成努力にあたって、先行学説研究を大きな手がかりにする場合、そのような探究が結実することは、どのような条件の下に可能となるのだろうか。

以上の視点を保持しつつ、基礎理論・原理論の領域において、「理論形成はいかにして可能か」という問いを考えて行きたいが、さまざまな基礎理論・原理論を対象にして理論形成の過程から教訓をくみ取るという包括的な作業は、筆者の力量では不可能である。ここで可能なのは、そのような作業のほんの一部の試みとして、筆者が有力と考える一つの原理論（すなわち、存立構造論）とそれに連動する一つの基礎理論形成の試みを素材として、手がかりとなる論点の析出を試みることである。

2　原理論としての存立構造論の問題設定と時代背景

社会学原理論としての存立構造論（genetic objectivation theory）を初めて、体系的に提示したのは、真木悠介[2]の一九七三年の論文であった（真木 1973）。本論文は、社会学者以外の人々の注目も集めさまざまな反響を呼んだ。真木悠介による存立構造論の提唱を支えた問題意識、その社会的・時代的背景、存立構造論の定式化に至る作業過程の中から、理論形成過程について、いろいろな示唆をくみ取ることができるように思われる。

存立構造論の問題設定が初めて、公表されたのは、『人間解放の理論のために』（一九七一年一〇月刊行）の末尾の「現代社会の理論の構成（ノート）」の冒頭の八行の文章であり、それは、次のようなものであった（真木 1971：217）。

「自由に」行為する具身の諸個人の実践的な関係の総体性が、一つの「自然的」社会法則ないしは社会的「自然法則」の体系として独自の存在規格を獲得し、逆にその当の諸個人の意思を超絶して貫徹する対象的＝客観的《オブジェクティヴ》な力として存立するにいたる機構の把握。いいかえれば、それは同時に、われわれ自身の実践の積分された統体《インテグレーション》に他ならぬこの〈現代社会〉を、ひとつの「社会科学的」な研究の対象的総体として、客観化的に措定しうることの根拠の問題。この問題を、諸個人の「私的に主体的」な実践相互の即自的な協働連関の総体の物象化のメカニズムとして、具体的に論定すること。「実存」と「法則」の双対性＝現代社会の法則的な構造そのものの存立根拠。

ここには、社会が諸個人の主体的な実践の総体であると同時に、対象的＝客観的な法則性を有する社会構造として存立するメカニズムの解明という根源的な問題設定がなされている。このような問題設定は、まさしく社会学原理論の領域での問題設定であり、きわめて野心的・挑戦的なものであった。なぜ、このような問題設定がなされたのか。それは、この著作に先行する数年間の社会的動向、ならびに、それが、社会学的探究に与えたインパクトとの関係において把握できるであろう。

主体性と社会構造の両義性に注目し、両者の関係性を問うことは、原理論の課題であるが、そのような課題の探求は、存立構造論に限らず、さまざまな形でなされうるものである。例えば、一九八〇年代に、アレクサンダーらによって活発な論議が繰り広げられた、「マイクロ・マクロ・リンク」問題の探究も、同様の主題を共有している。アレクサンダーとギーゼンによれば、「マイクロ・マクロ・リンク」問題への回答には五つの型がある（Alexander and Giesen, 1987）が、それらは、それぞれ個人と社会の関係についての原理論的把握を提示するものである。

真木による存立構造論の探究は、「マイクロ・マクロ・リンク」問題への一つの回答という性格も有するものであるが、その際だった特徴は、独特の「主体性の逆転」問題をマイクロ・マクロ・リンク問題の焦点に置いていることである。すなわち、真木による「主体の集合」と「社会の構造性・法則性」との両義性の関係の探究という主題の中心には、自由な諸個人の主体性の発揮が、社会的累積を通して逆転し、逆に諸個人に対する拘束や抑圧的な支配システムに帰結するのはなぜか、という問いかけがある。

このように「主体性の逆転」という問題に固執する形で、存立構造論が提起された背景は、一九六〇年代後半から一九七〇年代初頭にかけての、東西冷戦体制を世界的背景にしつつ、日本社会における構造的緊張の重層的爆発とも言うべき時代背景であり、その過程での社会科学的知識のあり方を根本的に問い直そうという知的・文化的な沸騰状態ともいうべき状況である。

一九六〇年代後半は、東西冷戦の中で、アメリカを頂点とする資本主義国にも、ソ連を頂点とするソ連型社会主義国に対しても、深刻な懐疑と批判が投げかけられた時代である。一方でアメリカは、一九六〇年代を通してベトナム戦争を継続し、国の内外からの反戦運動の批判を浴び続けた。他方で、ソ連は一九六〇年代を通して徐々に気運の高まった東欧社会主義圏諸国の民主化・自由化の動きに対して抑圧的な態度で臨み、それは、一九六八年のチェコの「プラハの春」に対する武力による制圧で頂点に達した。それに加えて、日本社会においては、高度経済成長の過程で、さまざまな社会問題が噴出し、福祉、物価、公害が地域政策の争点になり、都市部住民層の不満を背景に、革新自治体が次々と誕生した。とくに、一九六八―六九年には全国の大学で学生の異議申し立て運動が生起し、激化する公害に対しては、一九七〇年以降全国的に反公害運動が盛り上がった。塩原勉は、このような当時の社会的雰囲気を「七〇年前後の時期ほど人間疎外、反管理主義、反組織主義といった言葉が拡がった時はなかった」と回顧している（塩原 1998：6）。

このような政治的、社会的激動を背景に、世界観、価値観の問い直しが活性化した状況を背景に、存立構造論は探究されたのである。換言すれば、既存の資本主義体制を肯定的・受容的に捉える背後仮説に立脚した理論や、既存の社会主義体制を肯定的・受容的に捉える背後仮説に立脚した理論の双方に対して、背後仮説の水準における違和感、不満足が存在することが、存立構造論の問題意識の背景にある。この点は、同時代にアメリカで発表されたアルヴィン・グールドナーの著作（1970）と共有された問題感覚であると言えよう。

3　存立構造論の論理と理論形成の素材

真木による存立構造論の提示の積極的な価値は、問題設定の根源性だけに留まらず、その根源的な問題を、すなわち主体と社会構造の両義性の関連を、「主体性の逆転」を焦点にしつつ、一貫した論理と概念群によって解明することを完遂している点にある。解明の論理の鮮やかさと体系性が、真木論文の大きな魅力となっている。では、存立構造論はどのような論理展開を示しているのだろうか。

出発点にあるのは、「自然生的な分業の体系」という「関係性の特定形態（R）」が、「物象化された対象性（O）」と「疎外された主体性（S）」を帰結するという物象化論の基本的な構図である。そして、集合態としての近代市民社会における協働連関が「媒介としてのモノ」「媒介としてのヒト」「媒介としてのコトバ」によって可能となっていること、それらの「媒介をめぐる主体性連関の逆転」が物象化の端緒的な論理的機制として、普遍的に存立していることが解明される。さらに、「媒介された共同性」「媒介の階級的な収奪」「媒介の技術合理化」「物象化の重層的完成」という論理の諸水準を分節することにより、対象的＝客観的な社会構造の存立とその根底にある諸個人の主体性の関係を、重層的に解明する視点が提示されている。

このような理論的解明の遂行という形での理論形成作業を支えた直接的な手がかりは、何なのだろうか。真木論文を一読すれば明かなように、原理論としての存立構造論の最大の素材になっているのは、マルクスの『資本論』であり、さらに、マルクスの知的伝統を物象化論を軸に継承するルカーチ（Lukács, G., 1923/ ルカーチ 1987)）、廣松渉（1972）らの著作が、問題意識の明確化、理論概念の定義、鍵になる論理の定式という諸局面において、さまざまに参照されている。これらの先行研究からの理論的視点の継承は、真木の独自の問題意識に基づいて、高度に選択的になされている。

そのような経過を経て実現した存立構造論の定式化は、トーマス・クーンの言う意味で、「科学革命」を通しての新しいパラダイム形成という性格を有する。そのような存立構造論の形成過程を分析してみると、次のような契機が理論形成を支えたのだということが見て取れる。

①現代社会の内包する構造的緊張がさまざまな社会問題群を噴出させ、そのような社会状況が社会認識の根本に立ち返ろうとする批判的な問題意識を触発したこと。それは、現代社会における主体性の運命に敏感な問題意識であり、資本主義体制と社会主義体制の双方に同時に、批判的な視点を持つものであった。

②この問題意識は、既存の理論枠組についての背後仮説のレベルでの違和感・不満足感に対応するものであり、解放・自由・主体性というような価値理念の設定に立脚するものであった。

③このような明瞭な価値理念に関係づけられた形で、原理論的な問題が、明確に、独自の言葉で、新たに設定された。そして、この問題設定を導きの糸として、先行の理論的著作と研究書から、問題設定に照応するような現実解明の論理（物象化論）が発掘された。

④物象化論の基本的発想を明確化した上で、それを社会学的に展開する形で、三領域（経済形態、組織形態、意識形態）のそれぞれに即して、物象化の論理的機制が段階的に解明された。

以上の諸契機の析出は、存立構造論の形成という一つの事例に基づくものに過ぎないが、原理論の水準での新しい理論形成を可能とする出発点の条件を明らかにする。それは、独自の価値理念に基づいた新しい問題設定の存在である。そして、その問題設定を解き明かすための有力な発想と概念群と論理とを、先行学説からくみ取り得たことが、真木による存立構造論の創造的提示を可能にしたのである。

4　基礎理論としての「経営システムと支配システム」論

次に、「基礎理論の水準での理論形成」についても、存立構造論に関係づけられた一つの事例を手がかりに考えてみたい。

舩橋晴俊は、真木悠介の存立構造論パラダイムに立脚しつつ、「組織の存立構造論」を発表した（舩橋 1977）。この論考は、基本的には、真木の問題設定の枠内に留まるものであるが、それを基盤にすることによって「協働連関の二重の意味での両義性」に注目した基礎理論の水準での認識枠組の構築を試みた（舩橋 1980）。「主体と社会構造」という第一の意味での両義性に加えて、舩橋の追加的に提示したのは「経営システムと支配システム」という第二の意味での両義性を把握する理論的視点である。経営システムは、組織における協働関係の契機を一般化したものであり、支配システムは同じく支配関係を一般化したものである。「経営システムと支配システム」論という理論枠組の適用対象としては、まず組織一般があるが、さらにより広く、行政が支配者＝統率者となっている社会制御システム一般も対象になる。

舩橋における「経営システムと支配システム」論の提出が可能になったのは、どのような作業過程を通してであったか。この基礎理論の水準での理論枠組の形成を促進したのは、一方で原理論としての存立構造論から得られる洞察であり、他方で、地域問題・地域紛争についての実証的な研究であった。「組織の存立構造論」は、組織における媒介者としての統率者と被統率者たちの間での主体性連関の逆転により、統率者が支配者に、被統率者が被支配者に存在性格を変容させるという論理的メカニズムを解明している。このことは、現実の組織が、統率者／被統率者の関係と、支配者／被支配者の関係との両義性を有する存在であることの認識に導いた。他方、新幹線公害や清掃工場建設をめぐる地域紛争という実証的研究を通して、社会問題の二つの契機、すなわち、経営問題と被格差・被支配問題の契機が確認された。事業システムの推進者は、限られた資源を使用しつつ複数の経営課題群をいかに同時に、より効果的に達成したらよいかという意味での経営問題として、地域問題に取り組む。これに対して、公害反対の住民運動は、受益の格差、受苦性、階層間（支配者／被支配者間）の相剋性、受動性という諸条件によって定義される被格差・被支配問題を被っている。このような異質な問題定義が立ち現れることは、支配システムと経営システムの両義性に対応するものではないか、と気づいたことが、「経営システムと支配システム」論の提起の出発点にある。その後、事例研究によって視点と概念群を豊富化し、基礎理論の水準での論文（舩橋 1980）をまとめるに至ったのである。

この事例はささやかな事例であるが、基礎理論形成への一定の示唆を与えるであろう。

①基礎理論のコアをなす鍵概念と視点が、一方で、原理論に根拠づけられていること。すなわち、原理論の探究の過程を通して、またその展開の帰結として、得られた視点と概念が、基礎理論の中心に位置する概念群を用意し支えている。

②同時に、実証的研究が、従来の理論枠組と現実に見ている事態の間での違和感を触発し、新しい概念の形成と諸視点の独自の組織化を要請した。

③原理論に根拠づけられた視点・概念と、実証研究を通して浮上した視点・概念が整合的に絡み合

い支え合うことが発見されたので、両方の源泉から得られる示唆を統合していくことによって、基礎理論（「経営システムと支配システム」論）形成の試みがなされえた。

第五節　科学革命的な理論形成をめぐる諸問題

1　通常科学と科学革命

前節まで、中範囲の理論、基礎理論、原理論のそれぞれの水準において、理論形成の実際の事例から、理論形成を可能にする諸要因の析出を試みてきた。その過程で、とくに基礎理論・原理論の水準での理論形成においては、鮮明な価値理念を背景にした新しい問題設定こそが、新しい理論形成の出発点になるのではないか、という論点が浮上した。最後にこの論点を、クーン（クーン 1971）の提示した「科学革命」と「通常科学」と関連づけつつ考察してみたい。

一般に、新しい理論形成は、問題設定の新しさを前提にしている。クーンによれば、どのような形で新しい問題が設定されるかは、通常科学期と科学革命期とでは異なっている。通常科学の時期においては、既存のパラダイムの枠を前提として、パズル解きに取り組むという形で、そのつど新しい問題が設定される。これに対して、科学革命の時期には、既存のパラダイムの破綻が浮上し、その枠組を前提にしたパズル解きに安住できない。パラダイム危機を克服していくために、新しいパラダイムの確立を模索しなければならない。

社会学において、科学革命的な理論形成の過程とは、理論形成が新しい価値理念を背景にした新しい観点に基づいて試みられる時であろう。このような視点で見れば、中範囲の理論、基礎理論、原理論という水準の相違に対応して、理論形成過程の傾向的な差異を指摘できる。

中範囲の理論の水準では、背後仮説としての基礎理論・原理論における既存パラダイムを前提にして、中範囲の理論の水準で既存の理論を精緻化するようなパズル解き的な問題設定や、既存の中範囲の理論を大きく修正するような革新的な問題設定というものが典型的に見られるであろう。そこでは、既存パラダイムを前提的な枠組としているゆえに、相対的に通常科学的な研究活動の比重が大きいと言えよう。

これに対して、基礎理論・原理論の水準においては、新しい問題設定は、既存パラダイムの精緻化という形もとりうるが、より重要な意義を有するのは、既存パラダイムの転換を企図するようなものであると言えよう。

つまり、より上層の中範囲の理論の水準ほど、通常科学的研究の枠内で新しい理論が登場しやすいのに対して、より根底的な原理論の水準になるほど、新しい理論形成は、科学革命的色彩を強めるものとなるのではないだろうか。

2　科学革命的な理論形成の特徴と困難さ

では社会学において、科学革命的な理論形成とは、どのような場合にその企図が登場し、どのような特徴を有し、どのような困難さを伴うものだろうか。

ここで第一に提示したいことは、社会学においては、科学革命的な理論形成が触発される典型的状況は、現実社会の生み出している新しい社会的問題群との直面ではないかということである。一定時点の社会構造が有する構造的緊張や、複数の時点間に生ずる社会変動は、そのつど、社会的に解決されるべき問題群を生み出す。そのような問題群は、社会学に対して新しい問題意識を触発し、さらに問題意識の背後の価値理念の鮮明化を要請することによって、科学革命的な理論形成の源泉となりうるのではないか。パラダイム転換的な理論形成を触発する典型的状況は、新しい社会問題への直面を通しての新しい問題設定であり、そこに新しい理論の誕生の可能性が開けるのではないだろうか。

別の表現をとるならば、新しい社会問題との直面なしに（とりわけ、基礎理論・原理論レベルでの）理論形成を自己目的的に追求しても、それはあまり生産的な道とは思われない。そのような現実に食い込むような接触が理論形成には必要であるという意味では、中範囲の理論におけるT字型の理論形成と、基礎理論・原理論における新パラダイム創出的な理論形成とは、本質的に同一の条件を要請している。この文脈で見るならば、ブラウォイによる公共社会学の提唱は、社会学者の「現実との接触」が、社会学者をめぐる社会関係によって左右されることの明瞭な自覚の上で、社会学者と公衆の社会関係が社会学の発展にきわめて重要であることを提起したという意義を有する。

第二に、科学革命的な理論形成に伴う特有の困難を確認しておきたい。科学革命的な理論形成は、認識活動を前提的に支えている研究主体の観点の転換、ならびに、観点を背後で支えている研究主体の価値理念の転換を伴うものである。ヴェーバーは、そのことを明確に自覚し、次のように指摘している。「しかし、いつかは色彩が変わる。無反省に利用された観点の意義が不確かとなり、道が薄暮のなかに見失われる。大いなる文化問題が、さらに明るみに引き出されてくる。そのとき、科学もまた、その立場と概念装置とを換えて、思想の高みから事象の流れを見渡そうと身構える」（ヴェーバー 1998：161）。

このような過程には、特有の困難性が立ち現れる可能性がある。なぜなら、新しい社会問題に触発された新しい問題意識から生じる新しいものの見方の提示は、しばしば社会的な通念と衝突するとともに、その提唱者のアイデンティティの再編成や再確立の過程と重なってくるからである。そこには、知性の営みのレベルを超えた困難さがある。理論形成は知性の作用を鍵にするが、このような場合は、全人格的なアイデンティティ探究の格闘と重なった複雑な精神的過程となる。近年そのような過程の困難さを示してきた代表的事例は、「ジェンダーの社会学」であると思われる（『社会学評論』二二〇号の」特集の江原論文（江原 2006）を参照）。この文脈では「意味の発見」という理論の役割が重要なものになる。そして、「意味の再定義を志向するような」あるいは「通念を転換するような」「理論形成はいかにして可能か」という問いが立ち現れるのであり、その過程は、研究主体のアイデンティティの再定義がいかにして可能か、という問題と重なってくるのである。それらの解決には、知性を超えた何かが必要とされるのである。

結び

本章で提起してきたのは、「理論形成はいかにして可能か」という問いに対する答えを探究するための手がかりを求めて、この問いを分節化すること、重要な視点や論点を明確化することであった。理論の役割とは何か、社会学理論をどのようなタイプに分けることができるか、理論形成は実証的研究並びに学説研究といかなる関係にあるのか、などの問いが検討された。そして、中範囲の理論の水準における「T字型の研究戦略」、基礎理論・原理論の水準における「科学革命的な理論形成」を焦点にして、さまざまな理論形成事例から視点と論点の析出を試みた。もとより、本章で提示したのは、「理論形成はいかにして可能か」という大きな問題に関して論ずるべき多数の論点のごく一部にとどまっている。そのような限定のもとではあるが、本論の企図したのは、〔「理論形成はいかにして可能か」という〕主題に対して一定の展望を与え、その中に〔この主題を担う〕諸論文の相互関係を把握する視点を提供することであった。

注

1　ここでは、一般性とは、適用可能性が一定の広がりを有するという意味で使用しており、すべてに妥当するという意味での普遍性とは異なる意味で使用している。

2　広く知られているように、真木悠介は見田宗介氏のペンネームである。

結び

本書の結びとして、次の二つの問いを検討しておこう。

第一に、本書の第一章から第五章にかけて展開した考察が、社会学内部において、また、他の社会諸科学との関係において有する意義はどのようなものであろうか。第二に、本書の提示する理論的発想と視点に立脚して、社会問題の社会学に対して、あるいはさらに広く、政策科学に対して貢献するためには、さらにどのような論点を追加することが、実り豊かな展開をもたらすだろうか。

第一節　社会諸科学の視点の位置づけ

社会学が、社会諸科学の中でも独自の位置を占めるのは、「社会についての原理論」という主題を有するからである。筆者の理解の限りでは、他の社会諸科学は「社会についての原理論」を持たない。「社会についての原理論」の課題は、さまざまな形で定式化できるが、ここでは、複数の諸個人の集合が社会という特有の存在性格を帯びて存在しているのは、どのような意味においてであるのかを問うことを言う。この意味での「社会についての原理論」を有するのは、社会学のみである。

だが、この「社会についての原理論」を、社会学が説得力をもって提示することは容易ではない。例えば、一九八〇年代以降の社会学の理論的諸潮流の中で、社会学理論の堅固な出発点を確立しようという野心的な試みとしては、アレクサンダーらのネオ機能主義の努力がある。アレクサンダー、ミュンヒ、スメルサーらは、「マイクロ・マクロ・リンク」という難題に挑戦しようとしたが（Alexander et al, 1987）、それは、原理論のレベルでの社会学的探究と言えよう。だが、必ずしもその努力が明確な結実を見たわけではない。そしてそのことは、これらの論者のマイクロ・マクロ・リンク問題へのアプローチが、存立構造論の提示しているような物象化の論理を内在的に解明していないということに起因するように思われる。すなわち、第一章第三節の論点を要約するならば、「諸主体の集列性という前提のもとでの、媒介をめぐる主体性連関の逆転」「存在論的二肢性（AとE）の間での直接的所与性（A）に対する付加的契機（E）優位の優劣関係の存立」という論理が、物象化のメカニズムの鍵であるが、これらの論者においては、このことの解明が欠如している。

理論的中心であるアレクサンダーのマルクス読解は、廣松渉の仕事を前提にしながら物象化の論理を明快に解明した真木悠介のような理解には立っていない（Alexander,1982; アレクサンダー 1996）。言い換えると、日本の哲学者、社会学者のマルクス理解は、マルクスの原理論的な真髄を摘出することに成功しているのに対して、ネオ機能主義者はそれを把握していない。

これに対して、存立構造論は、物象化の論理を内在的に解明することによって、「社会についての原理論」を提出しているのである。さらに、「社会についての原理論」という非常に抽象的な水準の探究が、経験科学としての社会学にとって、必要であり有意義であるためには、それがより具体的な水準で有効に使用できるような理論概念群を産出するかたちで、展開されなければならないであろう。存立構造論は「社会についての原理論」の一つの試みである。他の形でも「社会についての原理論」を提出できるかもしれない。だが、存立構造論の長所は、それに基礎づけられて「経営システムと支配システムの両義性論」を提出できることである。そして両義性論は、社会学基礎理論という、原理論よりもより具体的な水準に位置するものであり、この理論的視点を座標軸にすることによって、さらに具体的な水準に位置するさまざまな社会学の「中範囲の理論」を位置づけることができる。このような意味において、社会学の内部でみた時に、さまざまに可能な原理論の探究の試みの中で、存立構造論の有する強みを指摘することができる。

さらに、「存立構造論と両義性論のセット」は、他のいくつかの社会諸科学が探究するテーマを、より広い文脈の中に位置づけることを可能にする。「存立構造論と両義性論のセット」を前提にして説明するのであれば、政治学は支配システムの文脈の問題群を主要な対象にしており、主流派の経済学や経営学が中心的に取り組んでいるのは経営システムの文脈で設定される問題群である。また、行政学は、主要には、経営システムの文脈での問題を扱う傾向を示している。ただしもちろん、政治学は経営システムの文脈の問題群に事実上、言及するし、主流派の経済学や経営学や行政学も支配システムの文脈での問題群に事実上、言及する。しかし、政治学も経済学も経営学も行政学も、現実の有する「経営システムと支配システムの両義性」に即して視点を分節し、両者を体系的に取り扱う用意を欠如しているように見える。そのような状況に対して、社会学における「存立構造論と両義性論のセット」は、政治学や経済学や経営学や行政学が依拠している視点を位置づける座標軸たりうる。つまり、それらの視点がどのような意味で一面的であるのかを明確にすることができる。

第二節　「社会制御過程の社会学」を目ざして

本書は、「社会問題の社会学」を展開するための一つの理論的出発点を与えること、あるいは、社会学が政策科学に貢献する道を基礎づけること、という課題に答えるという性格を有する。だが、「存立構造論と両義性論のセット」を論理的な出発点として、「社会問題の社会学」や「社会学の政策科学への貢献」を具体的に開花させるためには、さらに、次のような問題群や論点に即した理論的展開が必要である。

①社会問題の解決のための規範的原則の提示と、その具体的問題への適用。

政策科学にとって規範的原則の明確化は不可欠であるが、社会学においては、経済学や法学に比べて規範理論の探究は立ち後れているように思われる。だが、本書の立場に立てば、社会問題解決の一般的原則として、広範な射程を有する次の二つの規範的公準を提出できる。

規範的公準1：二つの文脈での両立的問題解決の公準

支配システムの文脈における先鋭な被格差問題・被排除問題・被支配問題と、経営システムの文脈における経営問題を同時に両立的に解決するべきである。

規範的公準2：支配システム優先の逐次的順序設定の公準

二つの文脈での問題解決努力の逆連動が現れた場合、先鋭な被格差・被排除問題の緩和と被支配問題の解決をまず優先するべきであり、そして、そのことを前提的枠組みとして、それの課す制約条件の範囲内で、経営問題を解決するべきである。

これら二つの公準の根拠づけはどのようにして可能か。これらの公準を、「社会問題の社会学」や「政策科学」の領域で、どのように具体的問題へ適用していったら良いであろうか。「存立構造論と両義性論のセット」を理論的な視点にとるならば、これらの問いが、社会学的な規範理論の問うべき核心的問題として立ちあらわれる。

②社会制御の基本的方向づけとしての「正連動」の探究と「逆連動」の回避。

「社会問題の社会学」や「政策科学」の領域において、繰り返し問題になるのは、一つの文脈での問題の改善努力が、別の文脈での問題を悪化させることである。そのような逆連動の中でも重要なのは「経営問題解決努力と被格差・被排除・被支配問題の改善努力との逆連動」である。そのようなタイプの逆連動の発生の根拠と位置を「存立構造論と両義性論のセット」は、明確に把握することを可能にする。

そして、その延長上に、社会制御にかかわる制度形成や政策形成において、経営問題解決努力と、被格差・被排除・被支配問題解決努力の正連動を探究し、逆連動を回避するためには、どのようにしたらよいか、という問いの設定が可能になる。

③制御システムの階層性論

本書においては、組織の水準での社会問題の発生を捉えるべく、「存立構造論と両義性論のセット」が説明された。だが、よりマクロ的な現象に対しても、この理論枠組のセットは有効であると思われる。よりマクロ的な現象をも含む社会制御過程の総体的過程を把握するためには、ミクロからマクロに向かって、事業システム、社会制御システム、国家体制制御システム、国際社会制御システムという四つの水準を分節することが有効であろう。それぞれの内部構造をどのような概念群で把握したらよいだろうか。また、それらの相互関係をどのように把握したらよいのか。ここにおいても、存立構造論に基礎づけられている「経営システムと支配システムの両義性論」は有効であり、四つの水準の制御システムが、それぞれ皆「経営システムと支配システムの両義性」を有するものであることを把握可能にする。

④公共圏論

社会制御過程におけるもう一つの焦点は、批判的、開放的な討論空間としての「公共圏」である。公共圏は各制御システムの「制御中枢圏」を取り巻き、それに対して、要求や批判を投げかけることによって、制御中枢圏での決定が、より適正なものになるように作用しうる。

討論空間としての公共圏の位置と機能を制御システムの四つの階層の中にどのように位置づけて、把握したらよいのか。制御システムの制御中枢圏を構成する諸組織や諸アリーナに対しては、討論空間としての公共圏はどのような作用を及ぼしうるのか。より、望ましい社会を実現するためには、どのようにして公共圏を豊富化したらよいのか。これらは社会制御過程論の核心をなす問いであり、熟議《デリバレイティヴ》民主主義の探究に重なる問いである。

⑤主体性論

両義性論に立脚すれば、社会制御過程は、客観的な社会構造や制度構造を背景にした上で主体的行為が展開されているものとして把握できる。社会制御過程は、詳細に見れば、無数の諸個人の努力や創意工夫によって支えられている。それゆえ、主体性を焦点にした一連の問いが必要となる。

社会問題の解決過程で、諸個人の主体性や集団的主体性はどのような作用を発揮しうるのか。主体的行為をどのような概念枠組で把握したらよいか。主体性を構成する諸契機をどのように把握したらよいであろうか。これらの論点について、クロジエやフリードベルグらが提起している「戦略分析」学派のアプローチ（Crozier et Friedberg,1977; フリードベルグ 1989）や、森有正が展開しているような「経験」を鍵概念とした主体性のあり方についての考察（森有正 1979）がきわめて示唆的である。だが、それらの関連する行為論や主体性論と両義性論を接続することによって、社会制御の過程と帰結にどのような照明を与えることができるだろうか。

これらの問いを本格的に考究することは、『社会制御過程の社会学』とも呼ぶべき著作を要請する。それは、本書の射程を超える課題である。この課題を、できるだけ早く果たしていきたいが、それを可能にするために不可欠かつ基礎的な視点と概念枠組の設定は、本書によってこそ確保されたと考えている。

あとがき

堅固な社会学的な理論基盤に立脚しつつ、「社会問題の社会学」として有効な社会学理論、あるいは、「政策科学」に汎用性をもって貢献できる社会学理論はいかにして可能か。これが本書の核心にある問題関心である。

筆者は政策科学という文脈において、社会諸科学の中で社会学が果たすべき固有の役割があり、他からの期待にも大きなものがあると考えている。これに対して、社会学研究者によるさまざまな貢献の実績はあるものの、そのような期待に十分に応えるためには、まだ多数の果たすべき課題が残されていると感じている。

期待と現実との距離を埋める努力の一つとして、筆者はかなり以前から『社会制御過程の社会学』と題するべき理論的かつ実証的著作の執筆に取り組んできた。しかし、諸般の事情でその刊行にはなおしばらく時間がかかるので、その理論的内容の基盤となる部分をとりまとめ、本書として公刊することとした。

本書の中心をなす諸章は、これまでに発表した以下の諸論文に基づいている。

（第一章）　舩橋晴俊、一九七七、「組織の存立構造論」、『思想』、一九七七年八月号（第六三八号）、

三七―六三頁。［一九七八年五月、第十九回城戸賞受賞］

（第二章）　船橋晴俊、一九八〇、「協働連関の両義性――経営システムと支配システム」現代社会問題研究会編『現代社会の社会学』川島書店、二〇九―二三一頁。

（第三章）　船橋晴俊、一九九六、「社会構想と社会制御」『岩波講座現代社会学　第二六巻　社会構想の社会学』岩波書店、一―二四頁。

（第四章）　船橋晴俊、一九八二、「社会学理論の三水準」『社会労働研究』第二八巻三・四号、一三九―一七七頁。

（第五章）　船橋晴俊、二〇〇六、「「理論形成はいかにして可能か」を問う諸視点」『社会学評論』第五七巻一号（第二二五号）、四―二三頁。

このうち一章、三章、四章、五章については、原則として、すべて、初出時の文章を維持し、単行本に収録するに際しての変更は最小限にとどめた。本文内の変更箇所については、追加したり変更した語句を［　］で表記した。文献リストは巻末に統一して提示することにし、それに対応させて、各章の注における文献表示の形式を簡略化した。各章の注は、初出時のものをすべて維持しているが、単行本化に際して、新たに必要とされた注は、「補注」として、本文の下欄に追加した。

それ以外に変更したのは、誤字・脱字の修正、漢字・かなづかいの改善と統一、句点の打ち方、欧文人名のカタカナ化、（初出時の「本稿」を「本章」にするなどの）参照指示の表現、だけである。

第二章のみは、新たな論点を加えるために、初出論文を大幅に加筆し、分量としては、約2倍になっている。第三章は、具体的な環境問題や地域問題についての実証的研究から得られる知見を前提にして書かれている。第一章の抽象的な議論が難解と感じられる場合は、いきなり、第二章から読むことも可能なので、それを推奨したい。

序章と結びは、本書刊行にあたって、各章の相互関係を明らかにし、全体的展望を把握しやすくすることと、より広い学問的文脈での本書の位置づけを明らかにするために、新たに執筆したものである。

本書は社会学の理論書であるが、専門家だけではなく、学生を含む一般読者に読まれることを想定して編まれている。その際、読者が本書に提示されている理論的言葉あるいは専門知を通して、「現実が透明になる」ような感覚を持てるようになることが、筆者の願いである。かつて内田義彦氏は、『作品としての社会科学』（一九八一年、岩波書店）において、社会科学を学ぶ一般読者が「自分の言葉として獲得された専門語」（同書、五四頁）を持つことの重要さを力説していた。本書が読者にとってそのような過程の手がかりになれば、まことに幸いである。

本書に収められた諸論考を執筆した背景には、それなりの精神的、学問的遍歴があり、さまざまな人々との出会いがあり、長い模索と努力の歩みがあるが、それらについて記すのは別の機会にゆずることにする。本書の刊行が可能になった背景には、長年にわたって筆者の研究・教育の補助作業を担当していただいた飯野智子氏の貢献がある。ここに深甚なる感謝の意を記しておきたい。また、東信堂の下田勝司氏には、本書の刊行企画について積極的な助言と協力をいただいた。厚くお礼申しあげたい。

最後に、本書を老境にある父と母（舩橋俊通・ふみ子）に捧げることとしたい。それは、社会学に打ち込むことのできた私の人生が二人にあまりにも多くのものを負っているからである。また、その世代の多くの人々と同様に、二人の人生における大きな断念と忍耐を前提にして、子供の世代の自己探求が可能になっているといういきさつがあるからである。

（二〇一〇年五月三日）

〈事項索引〉

欧字

あ行

か行

さ行

た行

ま行

や行

〈人名索引〉

や行

ら行

〈参考文献〉

有賀喜左衛門, 1966, 『日本家族制度と小作制度（上・下）』未来社.
アレクサンダー, J. C.（鈴木健之編訳）, 1996, 『ネオ機能主義と市民社会』恒星社厚生閣.
飯島伸子, 1984, 『環境問題と被害者運動』学文社.
宇井純, 1968, 『公害の政治学——水俣病を追って』三省堂.
ヴェーバー, M.（世良晃志郎訳）, 1960/1962, 『支配の社会学（第４版） I・II』, 創文社.
ヴェーバー, M.（内藤・阿閉訳・改版）, 1970a, 『社会学の基礎概念』角川文庫.
ヴェーバー, M.（世良晃志郎訳）, 1970b, 『支配の諸類型』創文社.
ヴェーバー, M.（富永祐治・立野保男訳、折原浩補訳）, 1998, 『社会科学と社会政策にかかわる認識の「客観性」』岩波書店.
江原由美子, 2006, 「「ジェンダーの社会学」と理論形成」『社会学評論』57（1）: 74-91.
江原由美子・山岸健編, 1985, 『現象学的社会学—意味へのまなざし』三和書房.
加護野忠男, 1981, 「コンテインジェンシー理論」塩原勉他編『基礎社会学第V巻　社会変動』東洋経済新報社：169-195.
木下康仁, 2006, 「グラウンデッド・セオリーと理論形成」『社会学評論』57（1）: 58-73.
クーン, T.（中山茂訳）, 1971, 『科学革命の構造』みすず書房.
グールドナー, A. W.（田中義久他訳）, 1978, 『社会学の再生を求めて』新曜社.
高坂健次, 1998, 「社会学理論の理論構造」高坂健次・厚東洋輔編『講座社会学１理論と方法』東京大学出版会：42-64.
小室直樹, 1974, 「構造—機能分析の論理と方法」青井和夫『理論社会学』東京大学出版会：15-80.
コルナイ, J.（盛田常夫編訳）, 1984, 『「不足」の政治経済学』岩波書店.
サイモン, H. A.（松田武彦他訳）, 1965, 『経営行動』ダイヤモンド社.
佐木隆三, 1969, 『鉄鋼帝国の神話』三一書房
サルトル, J. P.（竹内芳郎他訳）, 1962/1965/1973, 『弁証法的理性批判』（第１分冊 / 第２分冊 / 第３分冊）人文書院.
塩原勉, 1998, 「日本の社会と社会学」高坂健次・厚東洋輔編『講座社会学１理論と方法』東京大学出版会：1-13.
ジンメル, G.（堀喜望・居安正訳）, 1972, 『集団の社会学』ミネルヴァ書房.
スローン, A. P.（田中融二他訳）, 1967, 『GMとともに』ダイヤモンド社.
田中義久, 1976, 「私的所有と社会意識」見田宗介編『社会学講座　第12巻　社会意識論』東京大学出版会：27-71.
渓内謙, 1970/1972, 『スターリン政治体制の成立』（第一部／第二部）岩波書店.

堤　未果, 2008,『ルポ 貧困大国アメリカ』岩波書店.
鶴見和子, 1991,「内発的発展の理論をめぐって」『社会・経済システム』第 10 号: 1-11.
中野卓, 2000,「有賀先生の生涯と社会学」北川隆吉編『有賀喜左衛門研究——社会学の思想・理論・方法』東信堂：87-112.
中山慶子, 1971,「社会学における理論モデル」『現代社会学』講談社 2：3-23.
橋爪大三郎, 2006,「言語派社会学の理論構成」『社会学評論』57（1）：109-124.
バーガー, P. L., T. ルックマン（山口節郎訳）, 1977,『日常世界の構成—アイデンティティと社会の弁証法』新曜社.
バーナード, C. I.（山本他訳）, 1968,『経営者の役割』ダイヤモンド社.
平田清明, 1969,『市民社会と社会主義』岩波書店.
廣松渉, 1969,『マルクス主義の地平』勁草書房.
廣松渉, 1972,『世界の共同主観的存在構造』勁草書房.
舩橋晴俊, 1977,「組織の存立構造論」『思想』No.638（1977 年 8 号）：37-63, 岩波書店.
舩橋晴俊, 1980,「協働連関の両義性——経営システム支配システム」現代社会問題研究会編『現代社会の社会学』川島書店：209-231.
舩橋晴俊, 1982,「社会学理論の三水準」『社会労働研究』28（3・4）：139-177.
舩橋晴俊, 1996,「社会構想と社会制御」『岩波講座現代社会学 第 26 巻 社会構想の社会学』岩波書店：1-24.
舩橋晴俊, 2001,「環境問題の社会学的研究」飯島伸子・鳥越皓之・長谷川公一・舩橋晴俊編『講座環境社会学第 1 巻　環境社会学の視点』有斐閣：29-62.
舩橋晴俊, 2002,「飯島伸子先生の歩みと環境社会学の方法」『環境社会学研究』8: 217-220.
舩橋晴俊, 2006,「「理論形成はいかにして可能か」を問う諸視点」『社会学評論』57（1）：4-23.
ブラウ, P. M.（間場寿一他訳）, 1974,『交換と権力——社会過程の弁証法社会学』新曜社
フリードベルグ, E.（舩橋晴俊・クロード・レヴィ・アルヴァレス訳）, 1989,『組織の戦略分析——不確実性とゲームの社会学』新泉社.
フロム, E.（加藤正明・佐瀬隆夫訳）, 1958,『正気の社会』社会思想社.
ベルネリ, M. L.（手塚宏一・広河隆一訳）, 1972,『ユートピアの思想史』太平出版社.
ポパー, K. R.（市井三郎・久野収訳）, 1961,『歴史主義の貧困』中央公論社.
ホッブズ, T.（永井道雄・宗片邦義訳）, 1971,『リヴァイアサン』中央公論社.
マーチ, J. G., H. A. サイモン（土屋守章訳）, 1977,『オーガニゼーションズ』ダイヤモンド社.
マートン, R. K.（森好夫訳）, 1969,「中範囲の社会学理論」日高六郎他編, 森

東吾他訳,『現代社会学大系第 13 巻　社会理論と機能分析』青木書店：3-54.
マートン, R. K.（森東吾、森好夫他訳）, 1961,『社会理論と社会構造』みすず書房.
真木悠介, 1971a,『人間解放の理論のために』筑摩書房.
真木悠介, 1971b,「人間的欲求の理論」『人間解放の理論のために』筑摩書房：97-152.
真木悠介, 1971c,「コミューンと最適社会」『人間解放の理論のために』筑摩書房：153-216.
真木悠介, 1973,「現代社会の存立構造―物象化・物神化・自己疎外」『思想』No.587（1973 年 5 号）：592-620.
真木悠介, 1977,『現代社会の存立構造』筑摩書房.
マルクス, K.（向坂逸郎訳）, 1969-1970,『資本論』全九冊, 岩波書店.
マルクス, K., F. エンゲルス（廣松渉編訳、小林昌人補訳）, 2002,『新編輯版ドイツ・イデオロギー』岩波書店.
ミード, G. H.（稲葉三千男他訳）, 1973,『精神・自我・社会』青木書店.
ミヘルス, R.（森博他訳）, 1973/1974,『現代民主主義における政党の社会学』（I / II）木鐸社.
ミルズ, C. W.（鈴木広訳）, 1965,『社会学的想像力』紀伊國屋書店.
望月清司, 1973,『マルクス歴史理論の研究』岩波書店.
望月宗明, 1976,『勤評闘争』労働教育センター.
モラン, E., 1986,『ソ連の本質―全体主義的複合体と新たな帝国』法政大学出版局.
森有正, 1979,『森有正全集　第 5 巻　木々は光を浴びて』筑摩書房.
吉田民人, 1974,「社会体系の一般変動理論」青井和夫『理論社会学』東京大学出版会：189-238.
ラパポート, A.（関寛治訳）, 1969,『現代の戦争と平和の理論』岩波書店.
リッカート, R.（三隅二不二訳）, 1964,『経営の行動科学』ダイヤモンド社.
ルカーチ, G.（城塚登・吉田光訳）, 1987,『歴史と階級意識――マルクス主義弁証法の研究』白水社.
ロールズ. J.（矢島鈞次監訳）, 1979,『正義論』紀伊國屋書店.
ローレンス, P. R., J. W. ローシュ（吉田博訳）, 1977,『組織の条件適応理論』産業能率短大学出版部.

Alexander, Jeffery C.,1982, *Theoretical logic in sociology. Volume2 The antinomies of classical thought: Marx and Durkheim* , University of California Press.
Alexander, J.C., Bernhard Giesen, Richard Munch and Neil J. Smelser, 1987, *The Micro-Macro Link*, University of California Press.
Burawoy, Michel,2005,"For Public Sociology", *American Sociological Review*,Vol.70

(February) :4-28.

Crozier, Michel,1963,*Le phénomène bureaucratique*, Édition du Seuil.

Crozier, M. et Erhard Friedberg, 1977, *L'acteur et le système*, Édition du Seuil.

Gouldner, A., 1970, *The Coming Crisis of Western Sociology*, Basic Books.

Hage, J., 1972, *Techniques and Problems of Theory Conatruction in Sociology*, John Wiley & Sons.

Lukács, G., 1923, *Geschichte und Klassenbewußtsein: Studien über marxistiche Dialektic*.

Merton, R. K., 1949, *Social Theory and Social Structure*, The Free Press.

Merton, R. K., 1957 (revised), *Social Theory and social Structure*: *Toward the Codification of Theory and Research*, The Free Press.

Merton, R. K., 1967a, *On Theoretical Sociology; Five Essays Old and New*, The Free Press.

Merton, R.K., 1967b, "On Sociological Thories of the Middle Range", *On Theoretical Sociology; Five Essays*, *Old and New*, The Free Press: 39-72.

Stinchcombe, Arthur L.,1968, *Constructing Social Theories*,The University of Chicago Press.

Touraine, Alan, 1973, *Production de la société*, Édition du Seuil.

Turner, Jonathan H.,1991, *The Structure of Sociological Theory* (Fifth Edition), Wadsworth Publishing company.

著者紹介

船橋　晴俊（ふなばし　はるとし）

1948年、神奈川県生まれ。1976年、東京大学大学院社会学研究科博士課程中退。現在、法政大学社会学部教授。

主要著書

『新幹線公害——高速文明の社会問題』（共著、有斐閣、1985）、G. コンラッド、I. セレニィ『知識人と権力——社会主義における新たな階級の台頭』（共訳、新曜社、1986）、『高速文明の地域問題——東北新幹線の建設・紛争と社会的影響』（共著、有斐閣、1988）、E. フリードベルグ『組織の戦略分析——不確実性とゲームの社会学』（共訳、新泉社、1989）、『巨大地域開発の構想と帰結——むつ小川原開発と核燃料サイクル施設』（共編、東京大学出版会、1998）、『講座社会学12 環境』（共編、東京大学出版会、1998）、『環境社会学入門——環境問題研究の理論と技法』（共編、文化書房博文社、1999）、『講座環境社会学2　加害・被害と解決過程』（編著、有斐閣、2001）。『新訂 環境社会学』（共編、放送大学教育振興会、2003）、『新版　新潟水俣病問題——加害と被害の社会学』（共編、東信堂、2006）、『講座社会変動4　官僚制化とネットワーク社会』（編著、ミネルヴァ書房、2006）

組織の存立構造論と両義性論——社会学理論の重層的探究

2010年6月30日　初　版第1刷発行　〔検印省略〕

＊定価はカバーに表示してあります。

著者 © 船橋晴俊／発行者 下田勝司　組版／フレックスアート　印刷・製本／中央精版印刷

東京都文京区向丘1-20-6　郵便振替 00110-6-37828　発行所

〒113-0023　TEL (03)3818-5521　FAX (03)3818-5514　株式会社 東信堂

Published by TOSHINDO PUBLISHING CO., LTD

1-20-6, Mukougaoka, Bunkyo-ku, Tokyo, 113-0023, Japan

E-mail : tk203444@fsinet.or.jp　http://www.toshindo-pub.com

ISBN978-4-88713-992-3 C3036

東信堂

（現代社会学叢書）

開発と地域変動―開発と内発的発展の相克	北島　滋	三二〇〇円
在日華僑のアイデンティティの変容―華僑の多元的共生	過　放	四四〇〇円
健康保険と医師会―社会保険創始期における医師と医療	北原龍二	三八〇〇円
事例分析への挑戦―個人現象への事例媒介的アプローチの試み	水野節夫	四六〇〇円
海外帰国子女のアイデンティティ―生活経験と通文化的人間形成	南　保輔	三八〇〇円
現代大都市社会論―分極化する都市？	園部雅久	三八〇〇円
インナーシティのコミュニティ形成―神戸市真野住民のまちづくり	今野裕昭	五四〇〇円
ブラジル日系新宗教の展開―異文化布教の課題と実践	渡辺雅子	七八〇〇円
イスラエルの政治文化とシチズンシップ	奥山眞知	三八〇〇円
正統性の喪失―アメリカの街頭犯罪と社会制度の衰退	G・ラフリー 室月誠監訳	三六〇〇円

（シリーズ社会政策研究）

福祉国家の社会学―21世紀における可能性を探る	三重野卓編	二〇〇〇円
福祉国家の変貌―グローバル化と分権化のなかで	小笠原浩一 武川正吾編	二〇〇〇円
福祉国家の医療改革―政策評価にもとづく選択	三重野卓 近藤克則編	二〇〇〇円
共生社会の理念と実際	三重野卓編	二〇〇〇円
福祉政策の理論と実際（改訂版）福祉社会学研究入門	三重野卓 平岡公一編	二五〇〇円
韓国の福祉国家・日本の福祉国家	武川正吾 キム・ヨンミョン編	三二〇〇円
改革進むオーストラリアの高齢者ケア	木下康仁	二四〇〇円
認知症家族介護を生きる―新しい認知症ケア時代の臨床社会学	井口高志	四二〇〇円
新版　新潟水俣病問題―加害と被害の社会学	飯島伸子 舩橋晴俊編	三八〇〇円
新潟水俣病をめぐる制度・表象・地域	関　礼子	五六〇〇円
新潟水俣病問題の受容と克服	堀田恭子	四八〇〇円
公害被害放置の社会学―イタイイタイ病・カドミウム問題の歴史と現在	飯島伸子 渡辺伸一 藤川　賢編	三六〇〇円

〒113-0023　東京都文京区向丘 1-20-6　TEL 03-3818-5521　FAX03-3818-5514　振替 00110-6-37828
Email tk203444@fsinet.or.jp　URL:http://www.toshindo-pub.com/

※定価：表示価格（本体）＋税

東信堂

スレブレニツァ—あるジェノサイドをめぐる考察	長有紀枝	三八〇〇円
2008年アメリカ大統領選挙—オバマの勝利は何を意味するのか	吉野孝・前嶋和弘 編	二〇〇〇円
政治学入門	内田満	一八〇〇円
政治の品位—日本政治の新しい夜明けはいつ来るか	内田満	二〇〇〇円
「帝国」の国際政治学—冷戦後の国際システムとアメリカ	山本吉宣	四七〇〇円
解説 赤十字の基本原則—人道機関の理念と行動規範	J・ピクテ 井上忠男訳	一〇〇〇円
医師・看護師の有事行動マニュアル—医療関係者の役割と権利義務	井上忠男	一二〇〇円
社会的責任の時代	功刀達朗・野村彰男 編著	三二〇〇円
国際NGOが世界を変える—地球市民社会の黎明	功刀達朗・毛利勝彦 編著	二〇〇〇円
国連と地球市民社会の新しい地平	功刀達朗・内田孟男 編著	三四〇〇円
実践 ザ・ローカル・マニフェスト	松沢成文	一二三八円
実践 マニフェスト改革	松沢成文	二三〇〇円
受動喫煙防止条例	松沢成文	一八〇〇円
NPO実践マネジメント入門	パブリックリソースセンター編	二三八一円
インターネットの銀河系—ネット時代のビジネスと社会	M・カステル著 矢澤・小山訳	三六〇〇円
〈現代臨床政治学シリーズ〉		
リーダーシップの政治学	石井貫太郎	一六〇〇円
アジアと日本の未来秩序	伊藤重行	一八〇〇円
象徴君主制憲法の20世紀的展開	下條芳明	二〇〇〇円
ネブラスカ州における一院制議会	藤本一美	一六〇〇円
ルソーの政治思想	根本俊雄	二〇〇〇円
シリーズ〈制度のメカニズム〉		
アメリカ連邦最高裁判所	大越康夫	一八〇〇円
衆議院—そのシステムとメカニズム	向大野新治	一八〇〇円
WTOとFTA—日本の制度上の問題点	高瀬保	一八〇〇円
フランスの政治制度	大山礼子	一八〇〇円
イギリスの司法制度	幡新大実	二〇〇〇円

〒113-0023 東京都文京区向丘 1-20-6 TEL 03-3818-5521 FAX03-3818-5514 振替 00110-6-37828
Email tk203444@fsinet.or.jp URL:http://www.toshindo-pub.com/

※定価：表示価格（本体）＋税